お 金 に 愛 さ れ る 真・投 資 術

讓錢愛上你的真投資術

Yozawa Tsubasa
與澤翼 著

Yamada Hitotsuki
山田一喜 作畫

鄭淑慧 譯

推薦序
做出行動和投資自己，錢才會愛上你

李哲緯（鮪爸）／《在交易的路上，與自己相遇》作者，Podcast「投資心理室」主持人

本書不僅是關於投資知識的學習，更是關於個人成長和自我提升的實踐。要讓錢愛上你，首先你得是一個有價值的人，投資不僅僅是金融市場的遊戲，更是自我價值的體現！

許多人都想要追求被動收入，卻沒有充足的付出與準備，自然無法取得可觀的收益。作者早年開公司失利後，轉往投資市場開源，一次次的虧損挫折後發現，自我的成長與學習，才是投資成功的關鍵！

「人無法賺到認知以外的錢」，所以我們在進入市場之前，需要累積自己的知識和技能，如理解市場動態、分析公司的財務報告，以及研究投資策略等，才能在金融市場上取得成功

與獲利。然而，多數人卻無法在投資前先把這些基本功學好，就算花時間學習，也無法透過行動來轉換學習的價值，錢自然不會找上你。

行動是吸引成功的要素，除了學習理論以外，也要將心思專注在我們想要的結果上，並採取相應的行動，才能吸引成功的投資與交易經驗。投資成功並非僅靠理論，更需要行動力將理論轉化為實踐，這需要持續學習，改進策略，並在面對市場波動時保持冷靜。這也正是作者強調的，從知識到行動的關鍵轉化，少這一步，錢就不可能來敲門，更不可能愛上你。

在行動的過程，會遇到許多的心理阻力，不論是現實的壓力、熱情的消耗及成果的不如預期等等，作者提醒我們要運用「斷捨離」的心態，給自己騰出時間與空間，打造專於自己學習投資的環境。並且希望讀者能夠運用大部分時間在改變未來的努力上，不只是投資市場，更是對自己的重要投資！

「我專注的只有當下，不斷重複短期的衝刺」，說明完時間的重要性以後，作者點出行動的關鍵：「專注當下，重複做對的事情」，放眼望去那些成功的投資人、交易者幾乎都奉行這條守則，最經典的案例莫過於數十年如一日的股神巴菲特。

能夠長期把投資做好的要點是「把握每個當下」，做好每個時刻該做的事情，讓他變成一種習慣，我們才可以創造強大的投資策略。我們可以形成明確的投資目標，制定實現目標的行動計劃，並通過持續的學習和行動，以及對自己的投資結果進行反思和評估，最終達成投資目標。

最後，這本書還有一個讓我印象深刻的部分，除了鼓勵行動還有介紹許多金融與投資知識外，中間還用圖文、漫畫的方式穿插，讓稍微生硬的財經知識變得淺顯易懂，降低讀者吸收知識時的負荷。

閱讀完這本書，你能理解投資成功不僅需要深厚的專業知識和實踐經驗，更需要積極的心態和堅定的信念。投資自己，讓錢愛上你，是本書的最終訴求和期待，透過本書，我們不僅學會如何投資，更學會如何成為一個更好的自己。

前言

各位讀者大家好，我是與澤翼。

二〇一四年，我從日本遷居至新加坡，目前以投資家兼自營業主的身分從事投資、資訊傳遞等工作，同時旅居世界各國，過著自由自在的生活。我在新加坡結婚，在杜拜與曼谷相繼迎來兒子跟女兒的誕生，在海外居住的生活，如今已邁入第八個年頭。

我在海外共有七個據點，包括：杜拜、曼谷、芭達雅、吉隆坡、新山[1]（Johor Bahru）、馬尼拉、宿霧[2]（Cebu）。我在這些城市都有不動產，加上東京，合計在八個城市持有三十九筆不動產。

包括日本在內，我共有五個國家的永久居留權，所有不動產都是用親手賺來的錢一次付清買下，沒有貸款。我在不動產投資的布局已於四年前完成，現在是回收期。

原本我有四十筆不動產，因為今年（二〇二一年）五月獲利了結賣掉其中一戶，所以才變成三十九筆。

我的不動產投資主要以麗池卡爾登（Ritz-Carlton）、四季酒店（Four Seasons Hotels）、喜來登（Sheraton）、威斯汀（Westin）、君悅酒店（Grand Hyatt）的高級酒店式公寓、頂層公寓、花園別墅等高價位的住宅用物件為主。

在東京的不動產是面對六本木東京中城（Tokyo Midtown）的高級公寓「Park Court 赤坂檜町 The Tower[3]」，而位於杜拜的自宅面積約一二六二平方公尺（約三八二坪），光是這兩處不動產就價值約十億日圓。

目前的淨資產包含股票、不動產、虛擬貨幣、公司債、保險、外幣（現金）在內，約合八十億日圓（二〇二一年八月當下）。不久前的淨資產還有九十億，但虛擬貨幣的市值最近蒸發了十億左右。

在本書一開頭就向各位報告我的資產，也許有人會覺得我在炫富，倘若讓各位觀感不佳，本人在此致歉。

其實，在建立這些資產的過程中，我曾面臨多次失敗與轉機。

二〇一四年，我的公司資產遭到東京國稅局扣押，公司因此解散，一度陷入身無分文的窘境。在此之前，我同時租借了五間豪華公寓，光是每個月的房租就高達八百萬日圓，這樣的我一下子從雲端跌落，被迫搬到月租十五萬日圓的套房。

我賣掉所有資產，想盡辦法還清包括稅金在內的所有負債，幾乎失去所有財產。

同年秋天，我與妻子（當時還是女友）移居到新加坡，下定決心不再開設公司，改以個人的身分行動。自二〇一五年起，我開始認真投資原屬玩票性質的股票，就此踏進投資的世界。

當時發誓一定要東山再起的我，將所有時間都用來學習投資。

在那之前，我的事業重心是公司經營以及行銷，移居海外以後才跨入未知的投資世界。沒想到投資竟然如此有趣！一開始雖有不少錯誤的投資觀念，但如今，對這個世界的理解逐年不斷加深。

現在的我，對經營公司或創業已經不感興趣，而是像個認真的考生，將大半時間與熱情都傾注在投資相關的學習。

吃喝玩樂早就不再吸引我，學習已經取而代之，成為我最大的興趣。

二十幾歲時的失敗經驗讓我得到許多教訓，如今能夠擁有最寶貴的家人，我由衷覺得「能與家人一起過著幸福的日子就心滿意足了」。

幸福就在我的身邊，也就是與我心愛的家人——在我跌落人生谷底仍不離不棄的妻子，還有願意來當我孩子的兩個寶貝——一起生活。

至今，再無什麼可以超越這樣的幸福。

我認為建立資產最大的好處，在於能夠自行決定「每天要做什麼」。既不用為了義務去做討厭的事，也無須受限於時間或金錢，可以全心全力投入自己感興趣的事物，這就是幸福。因為採取單兵作戰的方式，也沒有人際方面的煩惱，可以隨心所欲安排自己每天的行程。

我覺得自己終於掌握了「真正的自由與幸福」。

希望現在拿起這本書的你，也能在不遠的將來，找到屬於自己的真正理想生活。

衷心盼望本書能為真心想要改變人生的你帶來變化，成為各位翻轉人生的新契機。

1 新山市是馬來西亞柔佛州的首府，位於馬來西亞半島與歐亞大陸的最南端，享有「大馬南門戶」、「南門城」的雅稱，可謂柔佛州乃至整個南馬的科技、政治、金融、商業貿易、旅遊、文化及教育中心。

2 宿霧市是菲律賓中維薩亞斯大區宿霧省的首府，位於宿霧島東側的中部，是維薩亞斯地區最重要的商貿、工業和教育中心，也是菲律賓主要的國際航班中心與航運港口。

3 鄰近六本木東京中城和檜町公園的四十四層高級公寓大廈，由知名建築家隈研吾擔任設計監修。

CONTENTS

推薦序／做出行動和投資自己，錢才會愛上你……3
前言……7

CHAPTER 1

放大危機意識，明確描繪理想的未來……15
• 抱持危機感，提醒自己「非賺錢不可」……36
• 常常設想可能的風險，事先做好準備……39
• 經常質疑世人眼中的理想……41
• 強烈的情感體驗，有助你找到真正的理想……44

CHAPTER 2

「斷捨離」空出時間，打造學習投資的環境……47
• 將全副心思用來騰出時間……64
• 煩惱跟後悔只是在浪費時間……67
• 用「斷捨離」整頓內心及外在環境……68
• 將理想具象化，在眼睛及大腦烙下鮮明的印象……70
• 當下全力以赴，才能邁向理想未來……72
• 你應該馬上開始投資股票的理由……74
• 投資股票能使人成長……77

CHAPTER 3

只要撒下「股票」的種子，三週也能改變未來

只要撒下「股票」的種子，三週也能改變未來……79
・即使只有小額軍費，也要展開行動……102
・剛開始第一週，先掌握股票投資的全貌……105
・開始學習股票的同時，也在網路證券開好戶……109
・一邊摸索介面的操作方法，同時累積投資的知識……110
・日股才能發揮日本人獨有的優勢……111
・想穩定賺錢就選ＥＴＦ，要翻轉人生就選個股……114
・從本業或興趣下手，專攻自己擅長的領域……117
・學會解讀財務報表和線圖……118
初學者一定要懂的股票基本術語……122
・研究開發費用是掌握未來的關鍵……126
・將「現在應該買這支股票」的理由全都寫下來……130
【一定要牢記的Ｋ線種類】……134
【一定要牢記的Ｋ線組合ＢＥＳＴ９】……135
【一定要牢記的「價格三區」線圖型態】……137
【知道更加分的線圖組合型態】……138

CHAPTER 4

持續買進股票，將來的資產就能大幅增加……141
・股票就是「投資愈久，獲利愈多」……162
・買進的股票不要賣掉，長期持股才能學到經驗……168
・配息產生的資金，用來買進下一檔新股票……173
・平日刻意練習「假設&驗證」，磨練投資的功力……174
・想知道公司的成長空間，就看本益比……178
・計算「目標股價」，根據假設買賣股票……182
・分散資產，開拓更寬廣的未來……186

CHAPTER 5

資產增加的速度，取決於部落格或社群媒體戰略……191
・部落格有助鍛鍊邏輯思考，提高股票投資的精準度……210
・股友的存在，有助提升你的投資功力……215
・公開你的投資履歷和投資組合……216
・部落格若能賺取收益，就能成為加碼買進股票的資金……219
・部落格能否受歡迎，取決於文章的深度和對讀者的體貼……222
・決定好的暱稱或帳號名稱，盡量不要變更……223
結語……226

CHAPTER 1

放大危機意識，明確描繪理想的未來

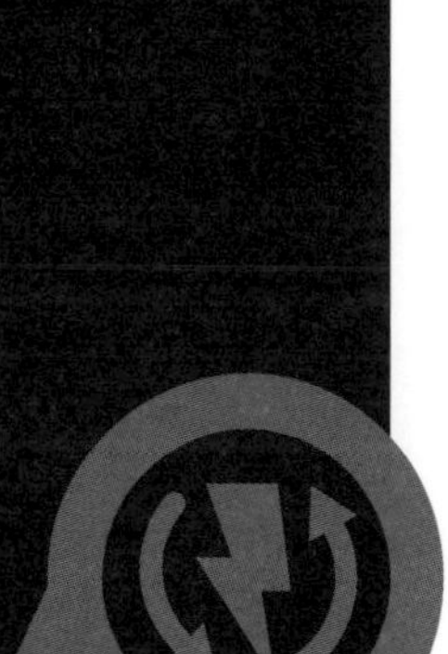

這一年……
喀噠
喀噠
轉眼之間就過完了……
今年春天我有去看櫻花嗎？
喀噠
啊，對了！之前難得回趟老家，跟老朋友打打鬧鬧好不開心……
喀噠
喀噠
…不對，那好像是去年的事了？
還是更久以前呢？

出社會已經八個年頭，
每天必須處理的大小事務怎麼還是這麼多…
主管也是，每天這樣罵我，不累嗎？
我也真不長進，現在還得每天跟客戶認錯道歉…
低頭賠罪
一成不變的每一天…
啊…
好想放空什麼都不去想…
謝謝歡迎再度光臨ー
25

噗咻
唯一的樂趣就是下班後喝罐啤酒，
回家路上邊走邊喝，一到家就能馬上入睡。
咕嚕
一年一下子就過了……
不過，大家都跟我一樣吧？
反正人生不就是這樣嗎？

賣關東煮的……
攤子？
欸——現在很少見了呢。
…算了，還是不吃了。
不早點回家睡覺的話，明天的工作……
…啊！
明天不用上班……

…哎呀！
灑出
這位客人，您是不是喝多了？還好吧？
大口喝！
偶爾這樣喝沒關係啦。
因為我平時都只敢喝便宜的罐裝啤酒。
嗝
……
！
震震震震

美幸
美幸
明天我12:00抵達東京車站，要來接我喔！
啊！對喔！
美幸明天要來找我。
啊，
是美幸傳來的。
是您的女友嗎？
對啊。
因為相隔兩地，她特地趁著放假從老家來東京找我呢。
她跟我從小一起長大，
長得很可愛，配我這樣的人實在可惜…
現在，我非常努力地存錢，等存到在這裡買房的頭期款，
我們就會結婚。我跟她已經約好了。

老實說，這是我現在努力工作唯一的動力。
先買房，然後結婚……
這麼一來，我應該也能得到幸福吧……
……
…雖說如此，
光靠我微薄的薪水，實在是存不到什麼錢。
啊——
真希望我也可以變成與澤翼那樣的人——

……
您是說……與澤翼嗎？
咦？你不知道嗎？
其實，我也不太清楚他是怎樣的人。
我在車站前看到宣傳他新書的巨大看板廣告。
不死鳥・大復活!!!
7.18上市
獨門生存之道大公開！
不死鳥・大復活!!!
上面大大地寫著這些文案。

聽說他靠著股票、外匯、虛擬貨幣之類的金融商品，還有不動產投資和電子商務，獲得巨大的成功。
在5個國家擁有39筆不動產，
光是一年的被動收入就超過2億日圓…
如今在國外，跟漂亮的老婆還有可愛的孩子，
過著自由自在令人豔羨的逍遙日子。
呼——
嗝
如果我也能像他那麼會賺錢的話，
就能辭掉工作，跟美幸一起幸福過日子……
客人您若真的這麼想的話，
何不兼差做點副業，多賺一些錢不就好了？

應該沒人命令您
「賺錢不對！不准賺錢！」，
這樣限制您的行動吧。
不行不行，
我做不到啦。
我這人
沒什麼才能啦！
像我這樣的人，
可以買房，
可以結婚……
要是能做到這樣
就算登上人生
幸福顛峰了吧。
難道……
這就是
您認真
再三思考後得出的
「最後結論」嗎？
還是，您其實
是被他人所定義的「幸福」
給蒙蔽了呢？

老實說，如果是我，
絕不會建議您貸款買房。
因為房貸會成為人生的一大累贅。
舉例來說，以30年期的貸款買房，
很多人在簽約過戶的瞬間，都會覺得終於擁有自己的家了，
其實，在還完30年房貸之前，房子都不算真正屬於你。
萬一中途因故付不出貸款，即使賣掉了房子，也可能無法清償房貸。
就算再討厭眼前的工作，
就算遇到自己很想嘗試的新挑戰，
但為了還房貸，只得一直待在討厭的職場，勉強做著不喜歡的工作。
吞口水

貸款說穿了就是「限制金錢自由的有期徒刑」，是在預支未來的財產，提前消費，這就跟一擲千金沒有兩樣。
這樣的人生未免太可惜了。
…怎麼會這樣…
那、那我到底該怎麼做，才可以真正變幸福呢!?
…「幸福」就是，
一點一滴，積少成多，先求有，再求好，再求大。

首先，請試著想像一下，
何謂有錢的人生？
……
有錢的人生嗎……
應該是全身名牌，
開著進口名車，
住在豪宅大樓的最頂層…不是嗎？
那些身外之物只不過是金錢附加的好處。
呃……
這世上有許多人從20歲起每天努力工作到70歲，為了維持生計拚盡全力，只為賺取少少的金錢，卻犧牲了最寶貴的「時間」。
如果有錢，你就能拿回「人生」的主導權。
只要有錢，就能將時間留給真正重要的人用在真心喜愛的事物，不必賤賣自己寶貴的時間。
而金錢就是讓你奪回人生剩下時間的
唯一武器。

這才是金錢真正的力量。
…可以奪回時間…
你說得對…真的很棒。
…可是，我還是覺得，
想達到你所說的有錢…應該只有少部分具備特別才能的人，才辦得到……
您明明都還沒嘗試，
為何就要這樣否定自己。
我認識這麼一個男人。
他高中輟學變成不良少年，如此不成材的他，後來靠努力打工，
存了700萬日圓，
企圖翻轉人生…

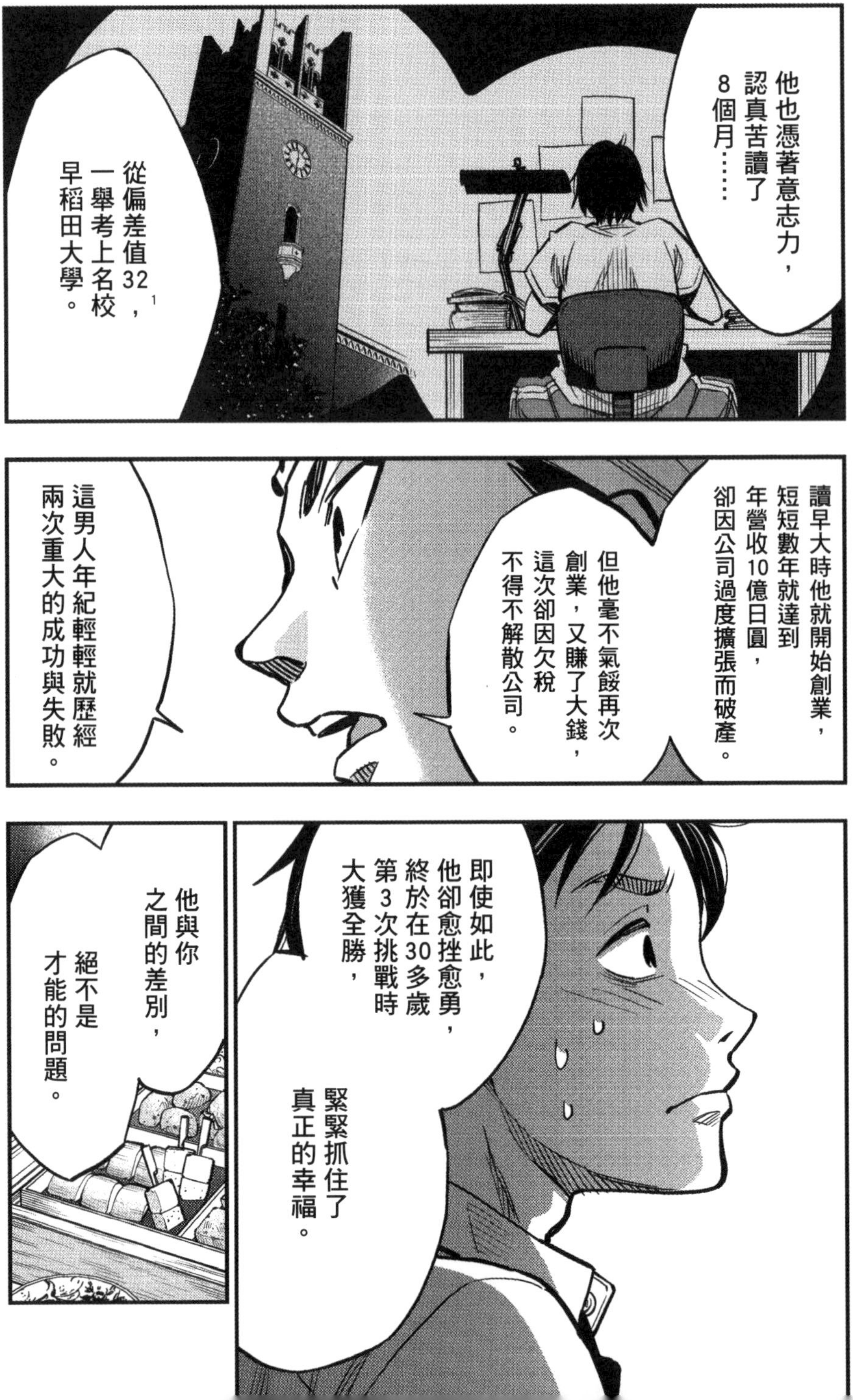

他也憑著意志力，認真苦讀了8個月……
從偏差值32[1]，一舉考上名校早稻田大學。
讀早大時他就開始創業，短短數年就達到年營收10億日圓，卻因公司過度擴張而破產。
但他毫不氣餒再次創業，又賺了大錢，這次卻因欠稅不得不解散公司。
這男人年紀輕輕就歷經兩次重大的成功與失敗。
即使如此，他卻愈挫愈勇，終於在30多歲第3次挑戰時大獲全勝，
緊緊抓住了真正的幸福。
他與你之間的差別，
絕不是才能的問題。

※譯註1　在日本，「偏差值」被視為評價學習能力的標準，平均值一般是50，大學偏差值一般落於35～70之間，而早稻田大學、慶應義塾大學、東京大學、京都大學等頂尖學府的偏差值，通常高達70以上。

而是在於有沒有覺悟到⋯⋯
就算挑戰失敗也一定會捲土重來。
⋯覺悟是嗎？
⋯抱歉，我不該自以為是地大放厥詞⋯⋯
不、別這樣說⋯⋯
從以前到現在，我一直都以忙碌當藉口，
也許就是這樣，我才從未認真思考過人生這件事⋯⋯也絲毫沒有半點覺悟。

……話說回來，老闆你似乎很厲害呢……
您過獎了。
感覺你的年紀跟我差不多……
卻這麼有見識……
我只是因為工作的關係，有機會跟各式各樣的客人聊天而已。
不過，這也許是某種緣分……
客人不妨趁此機會好好思考……
10年後，您希望自己成為怎樣的人？

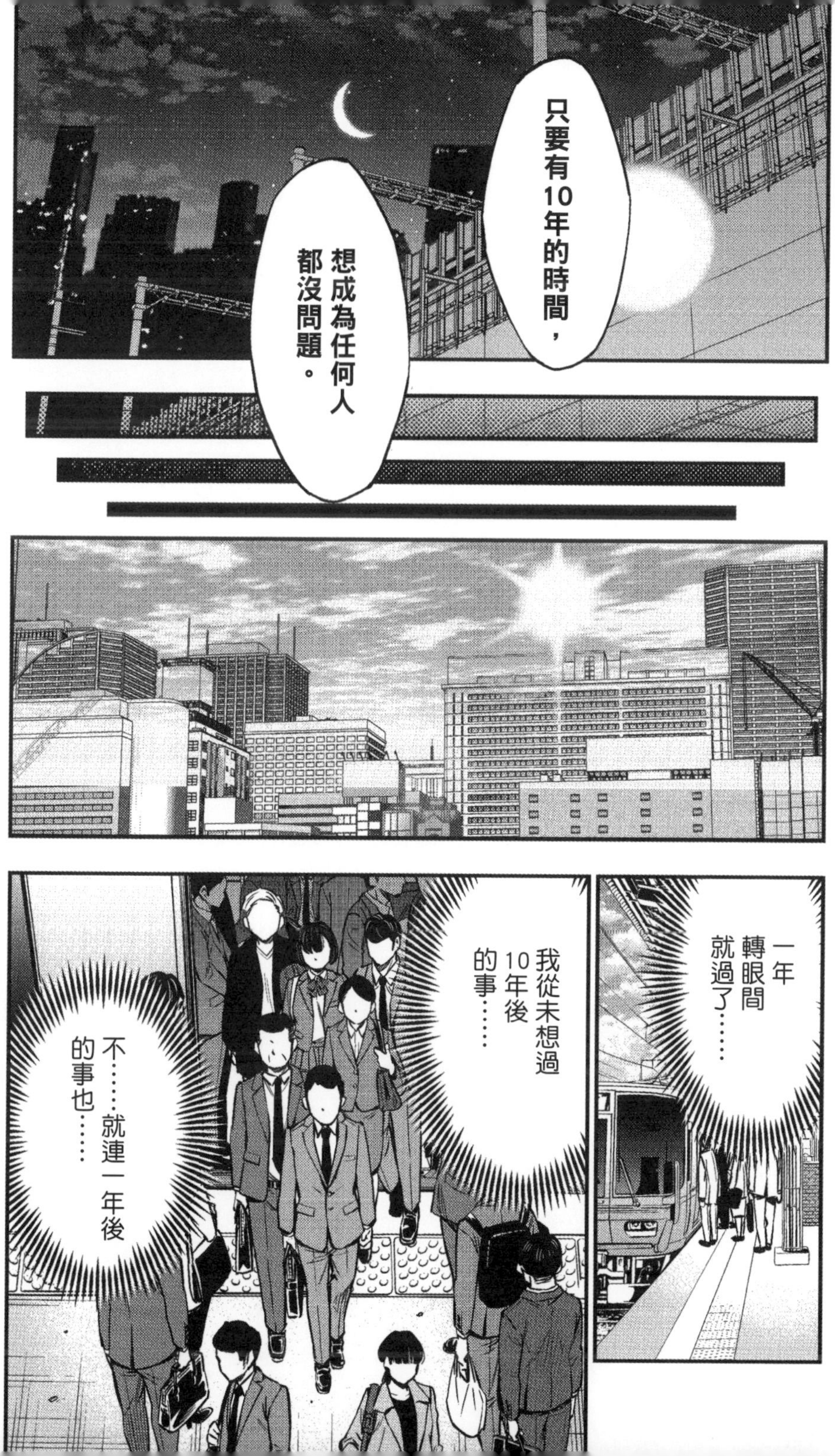
只要有10年的時間，
想成為任何人都沒問題。
一年轉眼間就過了……
我從未想過10年後的事……
不……就連一年後的事也……

噗咻——
喀噠
喀噠
買房，
結婚……
接下來
孩子出生……
為了支付
房貸加上教育費
還有生活費等開銷，
只能毫無目的地工作，
來維持生活的現狀。
等我
回過神來，
喀噠
喀噠
早已變成了
糟老頭。
臨終之際，
躺在醫院的病床，
在家人
的圍繞之下，
我能毫無遺憾地
離開人世嗎……？

不……
這不是我想要的人生!!
握拳
我也……
不死鳥・大復活!!!
10.18
上市
獨門生存之道大公開!
與澤
想要跟與澤翼一樣財富自由，享受自由自在的人生!!!

放大危機意識，明確描繪理想的未來

抱持危機感，提醒自己「非賺錢不可」

坐擁八十億日圓資產的我，為何仍始終如一地謹慎看待金錢呢？因為，我的信念是「男人的工作就是賺錢」。若想持續賺錢，就必須每天認真學習，不斷地挑戰。

想成為有錢人，必須擁有富人特有的思維，以及身而為人應具備的品格。賺到錢、守住錢、以錢滾錢，其實遠比社會大眾想像得還要困難許多。

對我而言，家人自然是最重要的第一順位，其次是研究賺錢。我的興趣就是認真思考金錢的真理。

為了讓妻兒常保笑容，不會對生活感到不安，我需要的不是冠冕堂皇的大道理，而是擁有實實在在的金錢。要是明明沒錢，也沒做出任何成果，卻滿腦子只想著玩樂，簡直是荒唐至極，根本搞錯了順序。

先努力賺錢，等拿出所有人都認同的成果，再好好享樂。唯有賺到花不完的巨大財富，才能毫無後顧之憂地盡情玩樂。

因此，我由衷地奉行：**先賺錢，後享樂**。

之前跟友人提及這個觀念時，對方曾問：「與澤啊，這麼做你覺得開心嗎？」我認為此事的本質跟開不開心無關。

萬事萬物皆有應遵守的順序。有些事即使做起來不開心，還是必須先做。

我常用〈螞蟻跟蟋蟀〉的寓言故事來警惕自己：「現在只顧玩樂，之後會很辛苦。」即使今後建立再多資產，我也不會改變認真對待金錢的態度。

更何況，認真思考關於金錢的事，不僅可促進大腦功能，看待世界的角度也會跟著改變。如此一來，研究賺錢之道就成了一件有趣的事。而資產增加的話，可以做的事也會增加，樂趣更是不只翻了一倍。

我之所以會有「非得先賺錢不可」的危機意識，都是小學時與祖父母同住的影響始然。

家父是大企業的上班族，家母則是在小學教書、捧鐵飯碗的公務員，而我從經營旅館的祖父母那裡學到了「做生意一定有起有落」的道理。也正是從那時開始，我就體會到收入減少有多麼可怕。

當我生平第一次在大城市看到無家可歸的流浪漢時，那副景象在我的大腦中埋下了對於沒錢的強烈恐懼感。這麼說也許有人會罵我階級歧視，可對自小在鄉下長大、從未見過流浪漢的小學生而言，衝擊就是如此巨大。

「小翼，萬一有天我們家沒錢了，也可能無家可歸喔！」

當時祖父母說的這句話，至今仍深深烙印在我的腦袋。

我相信，**擁有危機意識，是邁向成功的第一步**。

比起豐衣足食的慾望，避免落入悲慘境遇的動機更加強而有力。

未來如果不想陷入沒房沒錢、鎮日被債務追趕的地獄，就要隨時做好準備，才能讓自己遠離那樣的可怕境遇。

為了生存，我什麼都願意做，再累再苦都不怕。

因為，**攻擊就是最強的防禦**。

常常設想可能的風險，事先做好準備

在公司上班卻無法如願累積資產的人，**請試著想像一下今後可能發生的所有風險**。

你現在待的公司，到你六十歲時還存在嗎？倘若還在的話，公司仍會用優渥的條件雇用你嗎？

晚年收入減少之時，你是否有足夠的資產支應生活所需？

連世界一流大企業都會倒閉了，包括你所在國家的情勢，將來會發生什麼事，其實沒人知道。

「自己能否一直保持健康？」

「自己可以成為社會一直需要的人才嗎？社會對我這人的需求程度又有多高？」

事先預想可能面臨的所有風險，危機意識自然會提高。

也許你的擔心只是杞人憂天，如此自然再好不過。而且事前的準備絕對不會白費。

況且，萬一真的發生最糟糕的事態……此時才急著想要重振人生，未免有些為時已晚。

也就是說，無論是否會發生最壞的事態，防範未然才能有活路。

我至今遭遇過兩次重大的經濟危機，每次都能立刻谷底翻身，東山再起。

之所以有辦法馬上捲土重來，祕訣就在於**察覺危機的高敏感度和臨機應變的反射神經**。

對於不嘗試就無法得知結果的事，不畏風險、勇於主動進擊是我一貫的行事風格；可一旦發現情況不妙，我也會馬上變更方針。

下定決心就全力去做，一旦察覺到危機就果斷撤退。

因為我能一發現「情況不妙」就竭盡全力轉換行動方向，谷底翻身的速度才能如此迅速。

而且，萬一真的失敗，因為事前已備好替代方案，所以能馬上採取行動，這同樣也是我的行事風格。

也許有不少人因為「新新城族[1]」或「秒賺一億的男人」這種當初外界給我安上的浮誇印象，至今仍覺得我是膽大包天又旁若無人的囂張傢伙。其實，真正的我比任何人都膽小，再加上疑心病重，萬事都要準備周全才能安心。

比方，為了可以領到三十二億日圓的死亡保險理賠，我不惜支付高達五億兩千萬日圓的保費，以防自己有個萬一時，家人可以不愁吃穿過日子。有了這份保險，我就可以安心死去，活著時也能毫無後顧之憂，全力以赴面對挑戰。

活著自然最好，死了也不怕。除了保險，我還分散投資，買入公司債、股票、虛擬貨幣等各種金融商品或外幣，只為應對各種可能發生的風險。

我之所以在五個國家購置三十九處不動產，也是基於同樣的考量。如果只有一間房子，一旦發生火災就無家可歸，只要不發生全球規模的大型戰爭，三十九個住處至少不會同時毀於一旦吧。

即使某國發生重大災害或政局動盪，也無須因為受困於單一國家而動彈不得，過著擔驚受怕的日子。

為了守護重要的家人，自己現在應該先做好什麼準備？

我**經常預想未來可能發生的所有風險，事先備好替代方案以應不時之需**。有了這些準備，即使偶爾一時不察做出錯誤決定，也能在問題當下果斷停損或轉換方針。

經常質疑世人眼中的理想

在預想風險的同時，描繪理想的未來也很重要（詳細內容請見第2章）。

此時務必留意的是，**那個理想必須是自己深思熟慮後的結論**。千萬別不假思索就接納社會大眾視為「常識」的理想，因為常識往往潛藏著意想不到的危險。

舉例來說，貸款買房就是其中之一。世人皆認為買房是幸福的象徵，但你同時也該考量這麼做有何缺點和風險。

不動產這種東西，總價往往遠高於國民平均所得的水準。即使利率再低，由於還款期間拉得很長，在還完房貸之前得支付高額利息。等到脫手，房子還可能因為隨著時間流逝而老舊的問題，導致房價下跌。說到底，三十年後一定會漲價的市中心土地或建物，本就不是普通人靠房貸就買得起的。

如果是目前價格便宜，將來需求有望大增的地段，當然可以大賺一筆，但這樣的成功案例終究只是少數例外。

我不認為買自用住宅的普通人，事前會仔細調查到這個地步，或有那個能力做出精準預測。一旦揹上房貸，就有長達三十年的寶貴時間必須被房貸綁住，況且那還是充滿不確定性，期望值極低、猶如賭博般的投資。

唯有還完貸款後，有望得到極大獲利、期望值高的不動產，才有定期定額投資的意義，可就現實來看，我覺得很難。

除了日本的人口增長不斷減少，別忘了建物本身也會逐年老舊。既然如此，將這筆錢拿來定期定額投資股票型指數基金ＥＴＦ（Exchange Traded Funds）還比較安全，因為這項投資既不會隨著時間劣化，期望值還更高。

而且，比起沒有貸款的人，需要還貸款的人能用來投資自己跟金融商品的資金，相對減少許多。雖說手上擁有象徵幸福的房子，但買房的幸福感，其實只有剛買下那短暫的一瞬間罷了。

因為，人們很快就會習慣新環境，無法滿足於現狀，又想搬到更大、更新的房子。

結果就是，**因為你提早得到本來沒能力購買的昂貴不動產，代價就是以自己將來的消費作交換，等於賤賣自己的未來**。

若說將來誰的資產更容易增加，我認為沒有貸款負擔的人，其資產的成長幅度更大。

想賺到比別人多好幾倍的錢，首要之務是確保自己有充足的時間和作為本金的資本，為了付房貸搞得自己精疲力竭，很容易變成失去夢想與熱情的行屍走肉。

所以，請告訴自己「**無法一次付現買下的，就是現在的你不該擁有的東西**」。

要在瞬息萬變的時代存活下去，巨額負債只會成為拖累自己的沉重腳鐐。

想得到跟別人不一樣的結果，就必須經常質疑世人眼中「理所當然」的常識，不屈服於周遭的同儕壓力，只選擇自己深思熟慮後的理想。

強烈的情感體驗，有助你找到真正的理想

為了讓自己儘早蛻變，**你必須重新審視自己用錢的方式**。

假如你現在得到十萬日圓，你會怎麼使用這筆錢呢？

如果仍像以往那樣，將這筆錢用來補貼自己的生活，這筆錢就會成為「死錢」，無法為你的人生帶來任何變化。

那麼，該如何使用，才能讓這筆錢成為「活錢」呢？

有錢人的致富鐵則就是「把小錢養大」。把錢花在可以為自己帶來改變的事物上，這筆錢就是「活錢」。

所以，把錢花在自己不曾體驗過的事物，是相當重要的一件事。

比方說，將十萬日圓拿來投資股票或虛擬貨幣，開始學習這方面的知識；或是開設部落格，把錢用來旅行，蒐集部落格文章的題材。尤其是**將錢花在能夠刺激五感的體驗，是最有效益的投資**。

例如，去一直很想去的國家旅行、和朋友合租豪華遊艇、買特等席觀賞偶像的演唱會或公演等。雖說疫情之下有些事做起來可能有些難度，體驗自己以往未曾經驗過的情感，像是憧憬、嫉妒、競爭心理、自卑感、失意、反省等等，無論情感是正面或負面，能夠親自去體會強烈的情感非常重要。

比如說，想看杜拜的風景，就應該從全球最高的餐廳[2]俯視璀璨絢麗的夜景，實際體會當下自己有何感受。

「我也想成為在這裡生活的人！」

強烈的憧憬將化為你的內在能量，成為推動你持續挑戰的強大動力。

你也可以把這筆錢全都拿來買書，將這些書好好讀完。

人不可能突然改變，如果你能在半年內讀完價值十萬日圓的書，這六個月一定能讓你脫胎換骨。

如果有人給我十萬日圓，我一定會把這筆錢全都拿來買書。

實際上，我也真的買了很多書來看，徹底鑽研想要更深入了解的領域。沒錯，閱讀正是「把小錢養大」最具代表性的使用方法。

閱讀的範圍最好能擴及與自身興趣相關的周邊領域。

比方說，想要創業的人，就應該閱讀經營管理、會計、法律、行銷、領導等相關領域的書籍，從多元化的觀點吸收知識，連結起各個不同的知識點，就能加速自身的成長。

不清楚自身興趣為何的人，不妨趁此機會思考一下，將自己可能感興趣的領域統統寫下來。再去閱讀這些領域的書，思索自己真正的興趣所在。

另外，偶爾閱讀自己平時沒機會也不太接觸的書，說不定還能擴大你的興趣或關注圈，為自己帶來新的機會。

持續體驗新的事物，在這個過程中，相信你一定能更清楚自己接下來應該做什麼。

1　「新城族」意指懂得最大限度活用網路的虛擬空間，在短時間內成為超級有錢人的族群。這些人大多住在東京港區的地標建築六本木新城。在此多加一個「新」字，是為了跟前一代同樣住在六本木新城，成為時代寵兒的堀江貴文等「新城族」有所區別。

2　此指杜拜的「哈里發塔」，為目前全球最高的摩天大樓。

CHAPTER 2

「斷捨離」空出時間，

打造學習投資的環境

おでん
呼呼
您好，歡迎光臨。
咦？您是……？
太、太好了。
我還在擔心攤子會不會收了，一路用跑的過來！
聽完老闆一席話，之後我也想了很多事。
咚…

買房以後，結婚成家……
一直以來，我深信只要這樣……就能得到幸福。
現實卻是，結婚後人生不會就此結束……
在背負房貸的狀態下，
萬一家中某個人生病，支出就有可能增加……
就連現在上班的公司，也有可能在某天突然倒閉。
一旦開始思考這些，就覺得心裡愈發不安，想要藉酒澆愁。
可這麼一來，就算再怎麼逃避，問題都無法解決。
那麼，怎樣才能消除這樣的不安呢？
答案果然還是「錢」！
「今後無須煩惱有關錢的事」我必須賺到這個程度的錢才行！
這是我的結論。

……話雖如此，但我完全不知道到底該怎麼做才好……
就在此時，老闆您的臉浮現在我腦中。
老闆您有種非比尋常的強大氣場，感覺從許多客人那裡學到了不少事。
……
無論什麼都行，就算只是提點也好，
求您指點我一下！
嗯……
會讓你有這樣的想法，我自己的確也有責任啦。
那好吧！若你不嫌棄的話，我就跟你聊聊我所知道的東西。
真、真的嗎!!?實在是太感謝您了!!!

一開始，我曾想過要不要兼差做Uber Eats……又覺得太沒夢想……
但事到如今才想要挑戰成為YouTuber，又沒什麼勝算……
我沒有什麼特別想做的事，也沒有自己出來創業的打算……
我就在想有沒有什麼副業，能讓我兼顧現在的工作……
原來如此。
如果是這樣，你要不要挑戰「投資」呢？
投資的話，考量到人生還很長，我最推薦的
就是「股票」。

※一單位…股票可以買賣交易的最小單位（譯註：在日本，股票買賣交易的最小單位是100股。）

	NISA 投資信託	定期定額NISA 投資信託
優勢	買賣獲利・現金配息免課稅	
年間免課稅投資額度	120萬日圓／年	40萬日圓／年
免課稅期間	最長5年	最長20年

※NISA…一年的投資金額在120萬日圓以下，其收益免課稅的制度（一個NISA帳戶的免課稅期間為5年，由於每年的免課稅投資額度是120萬日圓，總額最高可達600萬日圓，此制度預計實施至2023年，新版NISA制度將自2024年實施至2028年）。定期定

2042年底)。

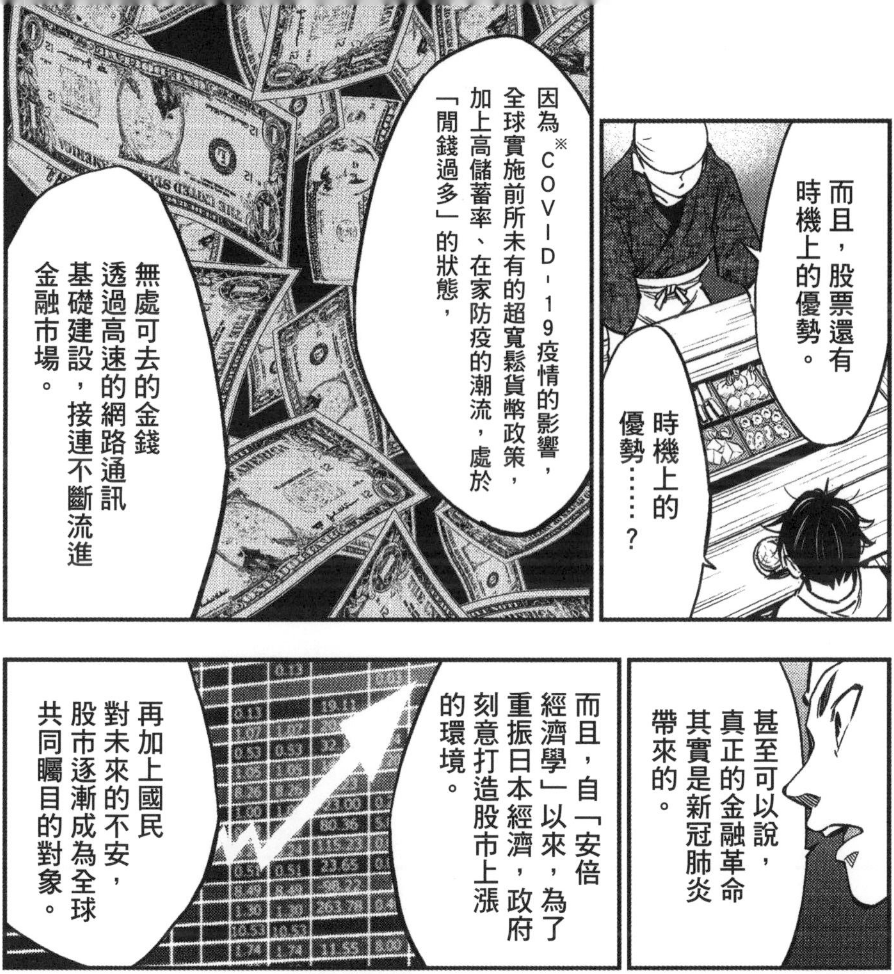

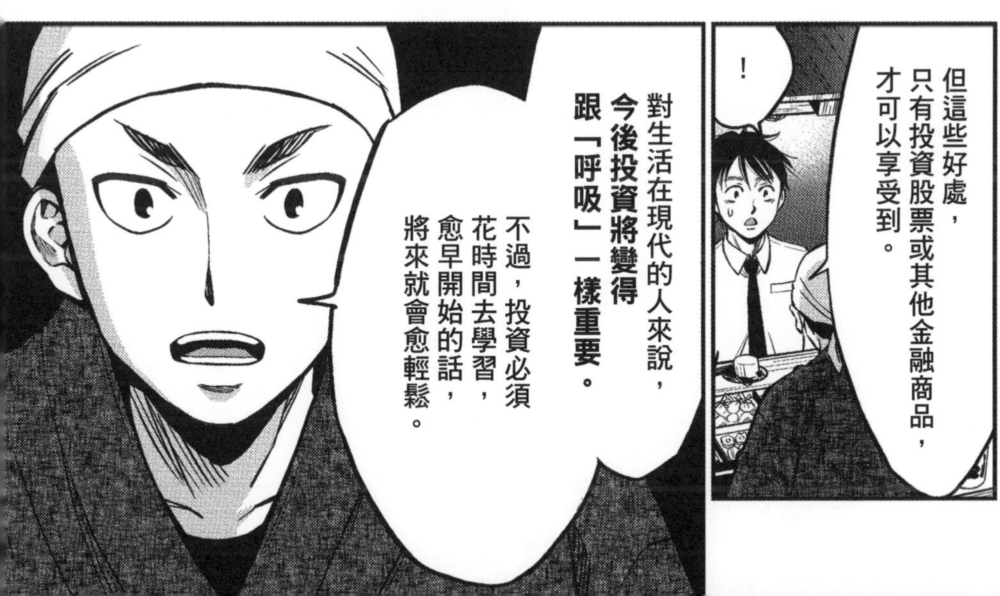

※COVID-19…新型冠狀病毒肺炎

……沒錯……
不過，剛才提到的儘早投資股票能享受的諸多好處，
其實都只能算是表面上的好處。
表面上的……？
我認為股票最大的好處在於，
「自己的想法」與「看世界的角度」
會有180度的大改變。
「自己的想法」與「看世界的角度」會180度改變嗎？
關於這一點，要請你實際投資股票，親身體驗看看。
相反地，如果你沒有任何感覺，就代表你不適合投資股票。
說、說得也是呢……
吞口水

不過，我開始對股票產生興趣了！
請您務必告訴我該買哪支股票！
可以請你張開嘴巴嗎？
咦？
像、像這樣嗎？
啊
喔嗚
燙！
好燙！
幹嘛啦？太突然了吧?!
這就是股票投資失利的人的特徵。

不經腦子思考就買別人推薦的股票，這樣可是會燙傷自己喔。
要投資哪支股票，
這應該是你自己要決定的事情！
就、就算您這麼說，
但我就是對股票投資完全一無所知啊！
不懂的話，接下來開始學不就好了？
請您別把這件事說得這麼簡單！
股票感覺就是超難的，不是嗎?!
更何況，我平時工作就已經很忙……
哪有那個時間去學！
容易失敗的人總是馬上為自己找做不到的理由，
但認真面對人生的人，則會絞盡腦汁去思考如何才能做到。

也就是說，你根本不是發自內心想要賺更多錢。
嗚……
被您這麼一說，我簡直是無話可說。
你其實無須這麼沮喪啦。
就算剛開始不是，
接下來只要你發自內心這麼想不就成了。
咦？
貼上
……這麼做真的就可以了嗎？
首先，你應該做的，
就是「將目標具象化」。

一開始，即使是世俗的物質目標也無妨。
先擁有「明確」且「具體」的目標吧！
如果賺到大錢，
想開開看的車、想戴戴看的手錶，以及想住住看的摩天大樓。
將海報或從雜誌剪下來的圖片，貼在房間最醒目的地方或筆記本裡，讓自己隨時可以看到。
在這個時代，也許有人會覺得訴諸於物慾很低俗，但我不這麼認為。只要能夠點燃自己的熱情，契機是什麼都無妨。
你必須覺得「如果無法獲得自己想要的東西，活著根本沒意義。」
像這樣提高緊張感！
完成了！

喀噠 喀噠
喀噠
喀噠
喀噠
接下來，你必須做的事是「斷捨離」。
將所有可能妨礙你達成目標的多餘事物全都寫下來，列成一張清單。
喀噠
我一直覺得這樣的通勤時間很浪費——
喀噠
喀噠
…咦，且慢！
因為我總是賴床到最後一刻，
如果可以早點起床，就能避開人群…
通勤時間也能用來學習……

啊——肚子好餓，
今天要
吃什麼？
這個嘛。
說不定
午餐自己快速解決，
也能空出更多時間？
仔細一想，
不只是午餐時間
而已！
啊——好久沒像這樣
可以早早下班。
去喝一杯吧！
話說，我最近
發現附近有一家
超好吃的店喔！
因為加班不能
早點回家也就算了，
即使工作早早結束，
回家時間還是
不知不覺地變晚……
不、不好意思，
我今天有點事
要處理……
喔？
這樣啊。
25mart

STRONG NEO
ダブルレモン
お酒
NEW
……這個也是……
喝的時候沒有想太多，一旦喝了酒什麼都做不了。
噗噗噗噗噗
噗噗噗噗噗
美幸
美幸
我看到一家想去的店，要記得預約喔♡
……
……美幸……
難道說，這個也是——

うどん
我真的嚇一大跳。
在我完全不自覺的狀況下，
原來我一直都在浪費時間……
其實一般人都是這樣啦。
因為世上本就充滿會偷走你時間的快樂誘惑。
聽到超級成功人士的分享，受到了激勵，想要發憤改變生活方式，卻總是無法持久。
原因在於，對你而言，那樣的目標並不具備真實感。
其實這個道理不僅限於股票。

當你想要挑戰新事物的時候，首先要想像自己想成為怎樣的人。
發揮想像力，具體描繪你心目中堪稱「自我史上最強」的理想生活模式（生存方式），將夢想具象化。
還有，能用自己的文字說明為何想達成那個目標的人，比較容易持續下去。
丟掉所有會妨礙你達成目標的多餘事物，為自己打造能夠專注的環境。
想獲得新事物，就必須割捨舊事物，這就是代價。
然後就是擬定戰略大綱，並採取實際行動。
那麼，接下來——
請實踐我教你的「三週行動計畫」。

「斷捨離」空出時間，打造學習投資的環境

將全副心思用來騰出時間

我認為，**把時間花在能夠大幅改變未來的事上，才是人生真正的「投資」**。因此，**一定要留意自己「使用時間的方式」**。

打從十五歲起，我就很注重「如何有效活用零碎時間」。

當時我雖然身兼三份打工，仍會趁短短十分鐘的休息或一個小時的午休，抓緊時間狂打電話給前輩或朋友，從事摩托車的買賣仲介或二手衣轉賣的進貨。

「等你考到駕照要不要買機車？」、「如果有不穿的運動鞋，可以給我看看嗎？」年僅十五歲的我，當時每個月的收入至少三十萬日圓，最多可達八十萬。這是我連零碎時間也不放過，每日辛勤

工作的成果。

立志通過高中學力鑑定報考早稻田大學時，我就跟二宮金次郎[1]一樣，連走路的時間也不想浪費，總是邊走邊拿著單字本背生字。就連等待蓮蓬頭的水變熱的空檔，也尋思著「這段時間不拿來做些什麼未免太可惜了」。

現在的我，依舊非常愛惜時間。**無時無刻不在思考「如何更有效活用時間」**。

如果我是上班族，應該會比平時早起一兩個小時騰出時間吧。午休或休息時間也不會發呆放空，下班後更不會參加無意義的聚餐聊天，而是將時間用來進修，為自己創造更美好的未來。

而且，我還會想辦法縮短自己花在本業上的時間。

舉例來說，業績目標「一天必須簽到一個合約」的工作，我會在上班時間的第一個小時集中火力簽到約，將剩下的七個小時全都用來學習、提升自我。

這是當初我在網路服務供應商打工，在外跑業務時親身實踐的做法。

不過，我也不是一開始就找到理想的工作方式。因為有過在工廠辛苦勞作的體驗，我才開始思索是否有更有效活用時間的工作。因為我覺得上班時間被公司綁住，未免太可惜了。

我翻遍求人情報雜誌，終於找到只要達成業績目標就可以拿到報酬、同時還能騰出時間提升自我的工作。

倘若你目前的工作無法讓你抽出時間投資自我，也許可以考慮轉職或請調其他部門。說自己太忙無法抽出時間的人，請試著回顧一下每天的生活。你花在看電視或電影、沉迷於打電動，或瀏覽社群網站上的時間有多少？還有那些毫無成效的會議、無須特意碰面的約見。試著記錄一整天的行動，你應該會發現自己平時浪費了不少時間。

相較之下，成功人士的一整天完全沒有浪費。那些看似浪費光陰的行動，其實都是具有深意的調查或思考，他們使用時間的方式跟一般人完全不同。

只有一天的話，雙方也許不會有太大的差異。但如果是半年、一年、五年、十年呢？成天沉迷於影音頻道的你，跟每天致力於自我提升的成功人士，應該會產生極大的落差吧。

別小看每天三十分鐘、一個小時的累積，試著一步步改變時間的使用方式吧。根據行動心理學，培養一個新習慣需要三週左右。

請先花上三週，徹底矯正自己使用時間的方式。

即使覺得很累、很睏，也要完成每天的功課。養成習慣之後，你會開始樂在其中，就像當初沉迷於手機遊戲那般。

三週後的你，無論內在的想法或外在的表情，一定會出現顯著的變化。

煩惱跟後悔只是在浪費時間

為了騰出時間，我會刻意做一件事——不煩惱。

所謂「煩惱」，就是操心「今後該怎麼辦？」由於我們大多無法在當下得知正確答案，因此煩惱根本沒有意義。不實際行動的話，當然無法知道接下來會如何發展。

即使做出好成績，也會有成績比你更好的人出現。無論做了何種選擇，多少還是會有「當初要是那樣做就好了」的改善餘地。但是，抱怨無法改變現實。既然如此，只憑直覺也無妨，當機立斷迅速採取行動，應該更有助於你節省時間。

在A與B兩個選項之間猶豫，假設最終選擇是A，事後又來後悔「當初應該選B才對」，為了覆水難收的事懊悔不已，這樣根本沒有意義。

現在該如何行動？接下來還有哪些事能做？人生本就是一連串的抉擇。

一開始也許會做出錯誤的決定，但失敗也是成長的必經之路。在重複「失敗→反省」的過程中，你的抉擇能力將逐漸提升，之後就能在短時間內做出許多正確判斷。

所以，請先從「果斷決定、立刻行動」做起！

減少無謂的煩惱與後悔，你的人生將因此生出許多時間，遠超乎你的想像。

用「斷捨離」整頓內心及外在環境

我人生中專注力最高的時期，是為了考上早稻田大學發憤苦讀的那八個月。高中輟學的我十九歲通過高中學力鑑定，考大學那年二十歲，相當於重考兩次的年齡。當時我告訴自己「機會只有一次」，以背水一戰的態勢迎戰。

為了讓自己專心讀書，當時我最先做的就是「斷捨離」。

首先，我丟掉書房裡多餘的東西，打造可以專心念書的清爽環境。正如現在我們若想更順暢地處理工作事務，就必須先整頓好電腦的內部環境一樣，其中最重要的一件事就是——**不增加網頁的書籤**。

看到感興趣的資訊，當下就立刻閱讀，不隨便增加待辦事項。老是把「之後再做」掛在嘴上的人，大多不會去做。無法馬上處理的事情，本來就不該列入工作清單。

當初準備考試時，我甚至斷絕所有人際往來，只為遠離朋友、女友、玩樂等一切誘惑。我下定決心「考上早稻田大學之前不見任何人」，連手機都解約了。因為做得太絕，那時一起混的狐朋狗黨似乎在背後說了不少我的壞話，但我絲毫不以為意。

都做到這個地步還考不上的話，那我也就認了，倘若是因為自己的偷懶放縱而落榜，那我真是死也不能瞑目。

寓言故事〈螞蟻跟蟋蟀〉的教訓，就是我的起點。

我認為「人生與其先甜後苦，不如先苦後甜」，即使周遭的人過得再輕鬆愉快，我也絲毫不受影響，反而為那群只顧享樂的蟋蟀朋友感到憂心。

考生時代的我每天只往返於補習班跟自家兩處，在補習班也不與人交談。就連交情頗好、相處融洽的好友，也因為擔心影響到讀書，刻意跟對方保持距離。

當時我有個十四歲起就交往的女友，由於我長達八個月不跟她連絡，在早稻田大學放榜隔天我就被甩了。

「我不要當只有國中學歷的小混混，我要讀大學成為有錢人！」、「比起女友跟好友，早稻田大學更重要！」也許有人會覺得這樣太過無情，但因為我心中的優先順序非常明確，完全沒有絲毫的後悔或迷惘。

現在我還是一樣，那些有求於你才主動聯絡的朋友，我全都封鎖不理，因為我覺得回信給對方是在浪費時間。

想像對方的情況，再三斟酌字句回信婉拒，這麼做實在很花時間。

其實，當初離開日本前往海外發展，我就已經做了人際關係的斷捨離，從人情的束縛解脫。因為我只跟真正重要的少數人聯絡，根本不需要ＬＩＮＥ的帳號。

人生的時間有限。唯有決定正確的優先順序，將有限時間用在人生真正重要的事上，才能邁向成功。

戀愛、派對、美酒、賭博……人生充滿了各式各樣的誘惑。天性讓我們傾向選擇那些輕鬆愉快的事，當你覺得自己快輸給誘惑時，請將「當下的短暫快樂」與「暫時忍住誘惑，等將來做出成績後可以獲得的長久快樂」放上天秤，冷靜地衡量一下。

對自己的人生而言，兩者孰輕孰重？我想，答案應該是後者吧。

將理想具象化，在眼睛及大腦烙下鮮明的印象

持續在腦中描繪「總有一天我想成為的那種人」非常重要。

十次、二十次、三十次，反覆描繪自己的理想目標，就能加深信念，提升動力。即使現在無法馬上實現願景，心中懷抱理想，才能經常意識到現狀與理想之間的差距。

不清楚自己目標的人，不妨去逛逛書店。

建議你多翻閱那些專門介紹上億豪華公寓或豪宅的住宅建築雜誌、充分傳達好萊塢（Hollywood）世界觀的寫真集、介紹時髦餐廳或旅遊景點的資訊雜誌，多看這類以圖片為主的讀物，有助你具象化自己的理想。

也許有人會覺得這樣的做法太注重物質，但憧憬也是可以激勵人心的動力。就像孩子為了得到喜歡的英雄角色玩具而努力寫作業那般，正是這股動力在背後驅策著他們。

「自己有一天想成為這樣的人！」清晰地描繪出自己的目標或理想，就能看清目前的自己跟理想之間的差距有多大。「怎麼做才可以達到那個目標？」、「如何才能完成心願？」、「至少不能再安於現狀！」親自體會到現實的殘酷，那種無力感所引發的不甘心，將化為點燃靈魂的火苗。

如此一來，你就能更快達到理想的目標。

千萬不要還沒挑戰就輕易認輸，覺得「我辦不到」。

假如你以往的人生過得不太順利，那也只是你用錯了方法，因為挑戰的次數不夠，才無法從失敗中學習並累積經驗。

任何事皆是如此。當你滿腦子只想著失敗，遲遲不敢採取行動，負面循環將不斷擴大，猶豫的期間愈長，現實的狀況就愈糟糕。

什麼都不做只會招來自我滅亡。**攻擊才是最大的防禦**。

當你下定決心去做的那一瞬間，就已經朝理想邁出一小步。在摸索的過程中，一旦掌握了手感，可以試著用力踩下油門加速。萬一加速後發現情況不妙，此時只要虛心承認錯誤，重新切換方向即可。**真心想要獲得成功的話，有時就是得用力踩下油門，讓自己再加把勁**。

當下全力以赴，才能邁向理想未來

想要確實達成目標，最有效的做法就是為自己設定期限。不過，假如你設定的期限是三年、五年這種太遙遠的未來，目標很容易隨著時間流逝而逐漸模糊，或是因為缺乏緊迫感而半途鬆懈。

這就像挑戰長距離的全程馬拉松，由於太過在意終點，開跑不久就對自己和終點之間過大的差距感到絕望，就此失去鬥志。如果想要確實推動事情的發展，將注意力放在離自己最近的中繼點，而非遠方的終點，就心理健康來說也是比較好的做法。

「每一公里都要盡全力跑！」、「覺得有點累了，就先用走的休息一下吧。」以這樣的心態面對挑戰，更容易跑完整個賽程。**每一段短跑的累積，最後能讓你抵達遠方的終點**。

因為人的注意力天生無法持久，請將你的目標細分成數個期限較短的小目標，逐一去完成。

每達成一個小目標，就能累積成就感，有助你維持並強化自身的動力，帶領你輕鬆達成大目標。

順帶一提，在寫這本書的時候，我也採取相同的做法。我會告訴自己，今天無論如何一定要寫完兩小節。不是寫完一整章，而是兩個小節，務必在今天之內達成目標。像這樣一步步地朝著終點前進，才是最有效的方法。

我曾在兩個月內成功減重二十二公斤，準備八個月就考上早稻田大學，當初開始行動時，我從未想過半年後或三年後這般說長不長、說短不短的未來。**我專注的就只有當下**，不斷重複短期的衝刺。**與此同時，我的眼光從未離開十年後真正的理想未來**。

舉例來說，我在二〇一八年夏天一鼓作氣成功瘦身，之後我持續緩慢地變瘦，至今依然很注重維持體態。

另外，打從二十歲考上早稻田大學以來，我一直在學習新知。也就是說，二十歲那年是我「生涯學習」的起點。

由此可知，第一次短期衝刺，能夠將你今後的漫長人生引導至終點所在的正確方向。「十年後，我想站上這個位置，所以現在要全力以赴！」確保自己當下的每個小目標與未來的理想處於同一條延長線上，是相當重要的一件事。

一直以來，我總是再三強調「拚命去做當下該做的事」。**即使只是微小的成果也無妨，專注於眼前的事，全力以赴去做就對了**。

只要努力做好眼前應做的事，十年後的夢想再大都有可能實現，你的付出一定會有回報。即使是目前身處社會最底層的窮人，期望自己在十年後成為超級有錢人，絕對不是癡人說夢，這一點我可以向你保證。

因為，**只要有十年的時間，人們可以成為自己想成為的任何人**。

在瞬息萬變的現代社會，這樣的傾向尤其明顯。

你應該馬上開始投資股票的理由

接下來我想跟各位談談，為了實現十年後的理想未來，你應該將好不容易騰出來的時間拿來做什麼。**我個人最推薦的是——投資股票**。

推薦投資股票的第一個理由在於，股票是資本主義的根本，也是運作的原則。多數人合資打造一人無法獨自創立的龐大事業，再將事業創造的獲利依照比例分配給出資者。出資者無須負擔超過出資金額的風險（有限責任），還能保有自己的時間從事各種的活動。

而且，即使自己不具備該領域的專業技術，也能將公司的經營管理交給專業的經理人（所有與經營分離）。

觀察美國商業雜誌《富比世》（*Forbes*）每年公布的全球富豪排行榜，可以發現這些超級富豪都有一個共同點——他們全都靠著自家公司股票的市值晉身超級富豪，無一例外。因此，我們可以知道一個事實——超級富豪的資產都來自股票。

再加上結合金融與ＩＴ技術的「金融科技」（Financial technology，簡稱 FinTech）的進化，人們比以前更容易參與股票市場。

以往的股票投資，主要參與者大多是機構投資人或一部分的富裕階層，自從人們可以用自家電腦或智慧型手機在線上買賣股票，股票投資的大門自此為個人投資者敞開。

股票投資今後應該會變得愈來愈方便。參與股市的人增加，股票的流動性也會跟著提高。也就是說，**在股價容易變動的現在，投資人正迎來前所未有的大好良機**。

在這個全球處於低利率的時代，我必須遺憾地告訴各位，你存在銀行裡的錢不會增加。與此同時，通貨膨脹（inflation）正同步發生，物價持續上漲。

兩百年前的一美元換算成現在的價值，大約是〇・〇七美元（暴跌九三％）。（資料來源：Total Real Return indexes，《股票投資的未來》〔*The Future for Investors*〕，傑若米・席格爾〔Jeremy Siegel〕）再加上現今的超額貨幣供給，通貨膨脹每年上漲二％根本不足為奇。

如此一來，物價在三十五年後將漲為兩倍，等於現金的價值減半。持有現金卻什麼都不做的話，其價值就會一直下跌。

在資產價格快速上漲的狀況下，只把錢存在銀行裡的人與懂得有效運用資產的人相比，雙方的貧富差距將愈拉愈大。**現今時代對什麼都不做的人來說，機會損失（opportunity loss）實在太大**。

我們無法避免世界潮流的影響，假如你一直不採取任何行動，未來將被迫過著比別人還吃虧的生活。

而且，只要利用日本政府推出的「ＮＩＳＡ投資信託」（Nippon Individual Saving Account，少額投資免課稅制度），每年一百二十萬日圓投資額度以內的資本利得（capital gain，出售資本、資產所得的利潤）、紅利或配息不用課稅，另一個「定期定額ＮＩＳＡ投資信託」則是最長二十年不用課稅。在累積資產的同時還可以節稅，如此優惠的制度當然要善加利用才對。不過，由於這些制度都有投資額度的上限，只能算是鼓勵民眾開始投資的契機。

雖說如此，凡是能促使人挑戰新事物的契機都應該好好把握。因為那個機會有可能大大改變你今後的人生。

接下來準備開證券戶頭的人，最好一併開設國家給予特別優惠的「ＮＩＳＡ」或「定期定額ＮＩＳＡ」帳戶。

投資股票能使人成長

之所以推薦各位投資股票，還有其他理由。**尤其是上班族，就算只當成興趣也無妨，希望大家都能開始投資股票**。因為股票的好處實在太多了。

舉例來說，一旦開始投資股票，即使原本不感興趣，也會自然而然關心起這個社會的運作原理，連帶著本業的表現也跟著提升。像是將某公司的成功手法活用在自己的業務上，業績因此成長，或是以其他公司的失敗案例為鑑，將你從中學到的教訓運用在升遷競爭上，藉此脫穎而出。

也就是說，**把自己從股票投資學到的知識運用在生活中，有助提高人生整體的品質**。就連乍看之下毫不相干的戀愛或婚姻生活，也有可能改善。股票就是有這麼多值得學習的地方。還能**幫助你養成冷靜面對問題的強大心理素質，不會因一點風吹草動就輕易動搖**。

投資股票經常會面臨一連串無法預期的事態。就像必須再三面對考試的放榜結果那樣。當你的資產因為突發的利多或利空而暴漲暴跌，倘若每次都為此乍喜乍憂，你的心臟絕對無法承受得住。因為投資股票本來就無法避免市值減少的局面。

面對這些變動，如果你可以堅持下去，就能學會從大局進行判斷，一直採取正確的行動。擁有這樣冷靜清醒的心態，就能與風險（不確定性）共存。

由此可知，**投資股票有望提高你各方面的能力，卻不用做太多事**，這也是我推薦給上班族的理由之一。無須每日費神買賣股票，只要方法對了，股票甚至可以成為沒時間的上班族最適合的副業。你可以將全副心力用來致力本業的發展，與此同時，市場會自動幫你增加投入在股票上的資產。擁有這兩根主軸，就能為人生發揮槓桿以及加乘效果，大幅縮短你和理想之間的距離。

經常有人問我：「現在開始才投資股票，會不會太晚？」我的答案：「絕對不會！」之所以覺得時機太晚，可能是出於「股價已經漲太高」的印象。不過，有些股票在樂觀的市況下還能繼續上漲，有些股票即使在不斷下跌的悲觀市況中依舊可以逆勢上漲。受到市況的影響，機會總量的確有可能減少，投資難度的確有可能提高，但凡事只要開始去做，就一定有機會。

我的建議是**「擇日不如撞日」。邂逅這本書的今天，正是你採取行動的大好吉日**！

---

1 二宮尊德，日本江戶時代後期的農政家、思想家，「金次郎」是其乳名。十四歲那年父親病故後，他扛起養家的重擔，白天上山砍柴，晚上編織草鞋補貼家用。即使如此，他也沒有荒廢學業，上山砍柴時會隨身攜帶書本，背著木柴邊走邊讀，其刻苦勤學的形象在日本廣為人知。

CHAPTER 3

只要撒下「股票」的種子，

三週也能改變未來

您說「三週」嗎？
接下來我要教你的事，實行起來絕對不簡單，
請下定決心，花「三週」的時間盡全力去做。
首先，這件事務必牢記在心，
你應該投資的是「日股」中的「個股」。
您是說「個股」嗎？
在我的印象中，個股投資似乎是最難的……
你說得沒錯。對新手而言，難度確實高了點。
但是……

認真分析每一家公司，仔細地評估。
「個股」才是最能讓自己成長的投資方法！
！
況且身為日本人的你，有能力仔細評估每一家公司的，
就是「日股」。
因為美股很紅而投資，你有那個自信能深入理解美國企業公布的資訊嗎？
說得沒錯……！
接下來我要教你的「三週行動計畫」，分為三個部分，每一週都有要採取的行動。
首先是「第一週」應該採取的行動……
那麼，我要開始囉！

第一週的行動
掌握股市的全貌

※雖說是憑證，現在已經不發行紙本股票。自平成21年（2009年）實施電子化以來，股票均以電子化方式於證券公司的交易戶頭進行管理。

原來如此！企業成長的話，「股息」會增加，還會增加新的「優惠」，想買股票的人也會增加……
飆
高
由於企業發行的股票張數有限，想買該公司股票的人如果增加，就會像拍賣競價那樣，股價跟著水漲船高！
1000日
900日圓
800日圓
「預測該公司的獲利將來會成長，而買進『股票』，等股價上漲時賣掉股票，就可以獲利」是嗎？
像這樣認真調查之後，
會發現許多自認已經了解，其實根本不懂的事。
調查②
關於市場
嚼
嚼
哦——
在※「東證一部」上市的企業，總市值約七百兆日圓，在一部上市的主要是大企業，相較之下，
「東證二部」只有六兆日圓。二部的上市企業主要以中堅企業為主。
證一部
證二部
JASDAQ
新創企業上市的市場則是「Mothers」或「JASDAQ」……
還有名古屋和札幌，就連福岡也有！
日本的上市企業家數是3787家。
其中很多企業我都不知道。
股票
信託投資
債權
「東證一部」上市的企業市值
水產・農林業
總市值
水產・農林業
總市值
水產・農林業
試著掌握每個市場的功能與特徵！

※東京證券交易所預計在2022年4月改編市場制度，今後將分為「優質」（prime）、「標準」（standard）、「成長」（growth）三個市場。

啊——終於結束了！
今天可以比平時早下班。
去喝一杯？
有家店不錯……
咦？
調查③專業術語
喀噠
喀噠
「開盤價、收盤價、最高價、最低價」「市價總額、PER、PBR、淨資產」？
全都看不懂……
發現看不懂的術語，
拿起
養成當下立刻查的習慣。
股票
信託投資
債權
其他
證券術語集
開盤價
交易日開市後的第一筆買賣成交價
收盤價
交易日結束前最後一筆買賣成交價

在掌握股市全貌的同時，
還有一件事必須事先做好準備才行。
準備好你的「道具」。
在手續費便宜的網路證券開戶。
擦拭
擦拭
我看看……
不先開戶就無法投資。
SSS證券
網路證券
證券戶數量
No.1
點此免費開戶〉
點下
我還以為開戶會更麻煩呢……
智慧型手機裡如果存有駕照之類證明本人的號碼，
10分鐘就能完成申請。
審查時間需要幾天嗎？

鈴鈴
鈴鈴
呼啊啊啊啊
啜飲
開戶後，學習「介面操作」或「下單方式」
之類的使用方法。
下單的方式原來這麼多……
「市價單」是什麼意思？
糟糕！差不多該出門了。
！
噗噗
您有一通來自美幸的訊息
慘了，是美幸發來的。
噗噗
對不起！
美幸
我這禮拜天去找你玩喔。
抱歉，最近有點忙！可以先等我一陣子嗎？

第二週的行動
找出100支在意的股票

第二週的行動是徹底蒐集資訊。
仔細研讀「日經新聞」或「公司四季報」網站上每一則股票相關報導，
找出100支你覺得在意的股票。
在意……是指什麼？
例如：「做有趣事情的企業」、「商品感覺會暢銷的企業」、
「社長很有名」，任何切入點都可以。

與此同時，
你還要學會「財務報表的讀法」和「線圖的看法」。
財務報表是上市企業報告公司在固定期間內營收及獲利的資料。
財務報表
其中最重要的是，
「損益平衡表」，通稱PL、「資產負債表」，通稱BS、「現金流量表」，通稱CS。這三項報表通稱「財務三表」。
損益表
可以了解該公司的獲利或虧損。
資產負債表
可以了解該公司所持有的資產與負債。
現金流量表
可以了解該公司馬上能夠動用的現金。
BS的數字愈好，代表公司體質好，事業愈容易擴大。
從PL的漲幅可以確認事業的成長。
CS可以幫你了解光看獲利無法得知的公司現金流問題。
至於「線圖的看法」，一定要學會看「蠟燭線」，也就是「K線」。
蠟燭線？

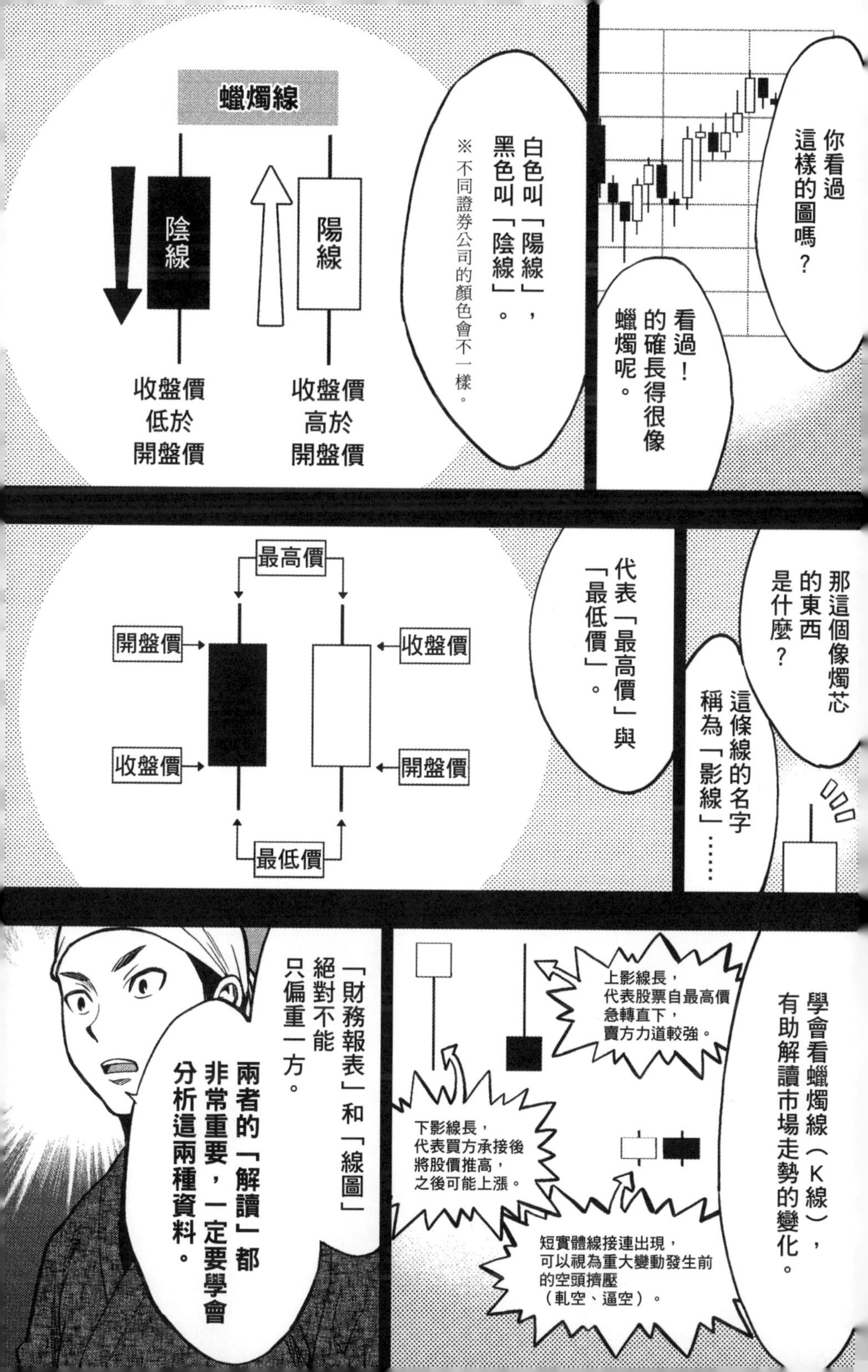
你看過這樣的圖嗎？
看過！的確長得很像蠟燭呢。
白色叫「陽線」，黑色叫「陰線」。
※不同證券公司的顏色會不一樣。
蠟燭線
陽線
收盤價高於開盤價
陰線
收盤價低於開盤價
那這個像燭芯的東西是什麼？
這條線的名字稱為「影線」……
代表「最高價」與「最低價」。
最高價
收盤價
開盤價
開盤價
收盤價
最低價
學會看蠟燭線（K線），有助解讀市場走勢的變化。
上影線長，代表股票自最高價急轉直下，賣方力道較強。
下影線長，代表買方承接後將股價推高，之後可能上漲。
短實體線接連出現，可以視為重大變動發生前的空頭擠壓（軋空、逼空）。
「財務報表」和「線圖」絕對不能只偏重一方。
兩者的「解讀」都非常重要，一定要學會分析這兩種資料。

第三週的行動
鎖定1支要投資的股票

※快訊…意指「財報快訊」，是整理企業財務報表重點的資料，是內容更為詳細的企業「年度財務報告」的簡化版，企業有義務在固定期間公布這兩項資料。如果不擅長閱讀快訊，只讀企業公布的「法說會簡報資料」也可。

おでん
歡迎光臨。
不錯喔。
看得出來，這三個禮拜你相當專注研究「股票」。
臉上表情跟之前完全不一樣了呢。
老闆您曾說過「一旦開始投資股票，想法與看世界的角度會改變」，現在我終於明白您的意思了。
「自己的想法」與「看世界的角度」會180度改變嗎？
關於這一點，請你實際投資股票，親身體驗看看。

在意的事跟想調查的事實在太多，
連帶著時間的使用方法也改變了。
從前總是想要在棉被裡多睡一分鐘，
如今鬧鐘響起的前一個小時，就自然地醒來了。
…不過，最讓我感到驚訝的是，
就連平日使用時沒多想的商品或服務，
一想到生產這些事物的企業就在世上某處，
那些企業無時無刻不在努力精進著…
一想到這點，我開始對企業的活動產生興趣——
一直以來漠不關心的世界，
突然變得繽紛且寬闊。

那種感覺彷彿長日連綿不斷的雨終於停了，眼前出現一道彩虹，
每天變得既有趣又刺激！
我之所以推薦新手投資「個股」，理由就在此。
從一百家公司中鎖定一家，過程中學到的許多事，能夠幫助你成長。
因為是自己實際花了時間與金錢投資的公司，認真的程度自然不同。
另外，若能透過股票發現世界的有趣之處，代表你「大有可為」。
即使遭遇些許挫折，應該也能樂在其中，度過難關吧。
太好了！

而且，你已經撐過專注學習「股票投資」的這三週。
鈴鈴
當人們想要培養一個新習慣，
只要持續三週，就能成為習慣。這是行為心理學的理論。
股票的學習沒有所謂的終點。
是一輩子的學習。
不過，有辦法連續三週學習股票的話，我相信今後你一定也能持續學習。
話說，
你決定好要投資哪家公司了嗎？
是的！
我決定投資自己常光顧的超商「微笑便利商店」！

我從國中起就常去這家超商。
這樣啊。
蒐集在意的企業，進行比較與評估後，
我覺得一開始投資的股票，最好從自己常光顧的企業中選擇比較好。
畢竟我每天一定會去一次呢。
我覺得很好。
喔？
鎖定一支股票的訣竅① 可以活用自身的優勢
無論是因為工作或興趣，或是身為消費者，只要投資對象是你比他人
更熟悉領域的相關企業，你就能比旁人更深入了解該企業，對投資也更加有利。
比方說，推出新商品時，你可以正確判斷該商品是否切合使用者的需求。
原來如此。我還怕這個理由太簡單，會被您罵呢……
不過，「微笑便利商店」只是業界第四名，
為何你不選擇前三名呢？

以往為止因為這家超商就在我家附近，才經常去逛。
不過，最近我發現自己會刻意選擇這家便利商店。
出於好奇，我就查了該公司過去的線圖等相關資料，
發現自某個時期開始，股價突然上漲……
深入調查之後，我發現該時期剛好是公司社長換人的時候。
鎖定一支股票的訣竅② 關注公司的社長
沒想到那位社長
竟是從工讀生一路爬到現在的位置，
還真是個特別的人呢！
關注社長的確是很棒的重點。
社長的存在會給公司股價帶來各種影響。
比方說，軟體銀行集團的孫正義會長兼社長。
那個人擁有世界級知名度，其一舉手一投足經常受到世人矚目。公司的業績固然重要，如果社長還這麼有名，
其演講或發言，甚至會影響企業的股價。

因此，公布財報時社長的舉止或表情……
度法人說明
還有社群媒體平台的更新頻率、貼文中字裡行間的深意，
最近都沒更新貼文，該不會出了什麼問題？
某社長
最近沒有新推文。
從社長的言行舉止，我們可以獲得許多資訊，所以必須關注。
感覺很常使用「…」是沒自信嗎？
某某社長
今天也要好好努力…
也就是說，自從社長換人後，你比之前更積極光顧「微笑便利商店」，是這樣嗎？
對，就是這樣！
現在回想，自那時開始店裡的氣氛也變得不一樣。
以前總給人一種既陰暗又老土的印象，
歡迎光臨！
現在制服換了，連原本態度冷淡的店員也開朗地向客人打起招呼。
而且，便當還多了不少新菜色，無論哪一款我都覺得相當好吃。
NEW
NEW

※自由現金流量…營業現金流量扣除資本支出後的金額。
進一步擴大事業。

鎖定一支股票的訣竅④
公司是否展望未來
致力於新商品，就代表該企業相當重視研究開發這方面。
說到底，企業跟人其實都一樣，
放眼未來，持續播下種子的人，
將來的成長幅度就能變得更大。
對了！最後還有一個理由。
我問過公司裡的同事，
這麼一說，好像真的是這樣⋯
最近的確很常光顧那家。
世人對於該企業的認知，還停留在「似乎很常光顧」……
也就是說，股價的成長接下來才剛剛開始！

鎖定一支股票的訣竅⑤
在引爆話題之前買
等企業在電視或網路引爆話題之後才買股票，是最笨的做法，
如果能在引爆話題前買進該企業的股票，就能安全地增加獲利。
這就是我的理由。
做得好！
只要能列出超過三個該買的理由，就算合格了。
鞠躬
太好了！
這全託老闆您的福！
真的非常感謝您！
……還有，
今天來這裡，我還想跟老闆請教「接下來」該怎麼行動……

是不是像這樣呢？
每天隨時確認股價的變動，然後進行買賣交易即可。
……
其實你根本沒必要那麼做。
咦？
股價的話，一天只要確認一次，看收盤價即可。
更重要的是養成習慣，每當股價發生大幅度的變動，必須找出背後的原因。
不斷重複這麼做，你對股票的理解就會愈深入。
這樣的話，
買進的股票該怎麼處理才好？
什麼都不用做。
至少要持有那支股票一年。
什麼？

播下「股票」這顆種子，只要三週，未來就會開始改變

即使只有小額軍費，也要展開行動

「叫我投資股票，可我又沒什麼錢，那個跟我人生無緣啦！」你是否曾這樣感嘆過？**手邊若有能夠自由運用的錢，就算只是小錢，請立刻用那筆錢作本金買股票**。即使只有三萬、五萬日圓也無妨。金額愈小，心理負擔也愈小，剛開始最好以小額資金先試試水溫。

千萬別將花了幾十年存下來的大筆存款，整筆投入你看好的第一支股票。這就像明明沒有戀愛經驗，卻想也不想就把身家押在突然冒出的白馬王子身上。即使有人真的因此獲得了幸福，也不過是偶然罷了。

股票投資必須累積一、兩百次小失敗，才會愈來愈熟練。貿然將大筆金錢押在不熟悉的對象

上，很容易因為經驗不足被騙，最好別這麼做。

假如一開始投資股票就跌了個大跤，很可能會成為心理障礙，導致你不敢再挑戰。**股票投資的鐵則就是「從小錢開始，把錢養大」**。

在投入軍費之際，最重要的一點是「投資即使賠光也不會造成影響的金額」。一開始就投入大筆資金的人之所以容易在股票賠錢，原因在於投入的金額愈大，心裡的不安也愈大，即使不到需要賣掉股票止損的地步，也很容易因為焦慮而脫手。

研究那些靠股票賺到上億身家的「億萬富翁投資人」，會發現他們都是先從小額開始投資。

不過，日股還是有所謂的「交易最小單位」，通常是一百股（編按：台股於一〇九年十月二十六日開放「盤中零股交易」，交易最小單位為一股）。

舉例來說，想買一股三百日圓的股票，需要三萬日圓的資金。手頭只有五萬日圓的人若想買股價一千日圓的股票，就會超出預算。手頭的資金較少時，就會有這樣的限制，資金不多的時候，只能從最低買進金額較小的股票中尋找投資標的。另外，也可以選擇外國股票或虛擬貨幣這類沒有單位限制的金融商品，作為投資的對象。

還有，使用證券公司特有的「迷你股」（股票迷你投資）制度，也能買進一百股以下的日股。

「迷你股」制度就是，投資人可以用十分之一單位買賣證券公司選定的股票，在任意時間點進行交易。成交日是接受委託單的下一個交易日，以當天的開盤價作為成交價格。

我將十分之一的資產拿來投資股票，卻不曾因股價的劇烈漲跌而心神不寧或乍喜乍憂。之所以能夠保持冷靜，並非對自己的投資功力充滿信心，而是因為我一開始就定下「股票只占總資產十分之一」的規則。

我只在股票投入「萬一賠光照樣可以生存」的金額，目的就是拉起一條防線，避免心理受到股市影響。

反之，當股票投資賺錢，市值增至總資產一五％的時候，我會將超過的五％賣掉，用來買公司債或不動產這類價格變動較小、可以穩定獲利的資產。

這樣的資產重新配置稱之為「再平衡」（rebalance），我每年都會調整一次。

也就是說，如果你的總資產是存款一百萬日圓，可以拿十萬日圓來投資股票。這麼做的話，風險其實也沒有那麼高吧。

你應該關注的不是資產的多寡或投資餘額，而是資產的配置比例。

相較於不動產或債券，股票或虛擬貨幣是價格變動風險較高的投資，一開始先設定投入金額的上限，可以大大緩解你的不安。

不過，也許有人會提出反對意見，認為資產較少時若不提高股票在資產的占比，總資產就無法有大幅的成長。

此時，個人可以根據自身的性格或經驗值，將股票在資產中的占比提高為十分之三或十分之五。

不過，提高股票的資產占比之際，也要增加持股的檔數，投資不同屬性或種類的股票，藉由投資組合[1]（portfolio）來分散風險。

唯有採用不會給情緒帶來負面影響的資產配置，股票投資才能長久。這就是股票長期投資的祕訣。

剛開始第一週，先掌握股票投資的全貌

軍費準備好以後，請儘快開始學習，先掌握股票投資的全貌。

接下來，讓我們用三週時間，找出一支值得投資的股票吧！

所謂「股票」，就是「股份有限公司發給投資人作為公司資本部分所有權的憑證」，正式名稱

是「股份」。

公司將募集到的資金用在雇用人員、投資設備、廣告宣傳等商業活動上，而提供資金的投資人藉由領「股息」來回收部分獲利，並享受企業對其支持表達感謝的「股東優待」[2]。

當你持有的股票成為人人都想要的人氣股，還可以賺到「價差」，除了金錢方面的獲利之外，還能參加股東大會或行使決議權，間接地參與企業的經營。

在持有股票的期間可以一直領的**股息，稱為「紅利收入」（income gain）**，而股價上漲時賺到的**買賣價差，稱為「資本利得」（capital gain）**。

股息的年利率頂多只有幾%，但如果是快速成長的股票，股價可能暴漲十倍成為「十倍股」（Ten bagger），蘊含了龐大的獲利機會。

「資本利得」才是股票投資的醍醐味。假使你手上的股票有機會來個華麗變身，將來成為億萬富翁絕對不是癡人說夢。

另一方面，「紅利收入」則是股市疲軟（市況不佳）無法期待「資本利得」的期間，仍然可以領到的配息，對投資人而言是相當重要的資源。你不妨可以這麼想——紅利收入的存在，就是為了讓投資人撐過股市的嚴冬期。

不過，市況好的時候，原則上還是以獲得「資本利得」為主。

你要選擇迴避風險追求穩定，還是選擇承擔風險追求夢想呢？

要選擇哪一種特性的股票，完全取決於你。因此，**你必須先了解交易股票的股票市場（證券交易所／市場），以及各種市場的特性**。

理由在於，不同市場的上市條件各不相同，各市場的企業特徵也不一樣。

日本最大的股票交易市場是新聞中最常聽到的「東京證券交易所」（簡稱「東證」）。近九成的上市企業都在此，在東京以外，還有「名古屋證券交易所」（簡稱「名證」）、「福岡證券交易所」（簡稱「福證」）、「札幌證券交易所」（簡稱「札證」），共四家證券交易所。

其中，東證與名證的「市場一部」和「市場二部」，是日本股票交易市場的中樞。代表日本的諸多大型企業或中堅企業均在此上市，一部上市企業的規模大多比二部的大。

相對於市場較穩定的一部和二部，新興市場的股價變動幅度較大。

東證所營運的「JASDAQ」及「Mothers」、札證的「AMBITIOUS」、名證的「Centrex」、福證的「Q-Board」就是以新興企業為主。

不過，現狀的市場區分與實際狀況不符合的問題一直存在。比方說，有些市值較小且流動性低的公司（實際上是新興市場的新創企業）也能在一部上市。

原因在於，從 Mothers 內部升格至東證一部，比起從外部直接在東證一部上市，前者的條件放寬許多。

因此，東證宣布自二〇二二年四月四日起，將原先一部、二部、JASDAQ、Mothers 四個區分市場，重整為「優質」（prime）、「標準」（standard）、「成長」（growth）三個市場（於二〇二二年一月十一日公布分屬於各市場的企業名單）。

二〇二一年七月當時，在東證一部上市的企業家數約為兩千一百九十家，而改編後的新市場「優質」（prime），其上市及維持標準將更加嚴格，作為精選的高階市場，其目的在於吸引海外的資金。

這些市場中最容易出現十倍股的，當屬新興市場股，理由在於其股價的變化幅度最大。新興市場股大多是歷史尚淺的新創企業，正因其市值原本就小，股價反而有望在短時間內飆漲，對投資人來說相當有吸引力。

但由於不夠穩定，股價下跌時也會摔得更重。還不習慣股票投資的新手時期，建議選擇股價變動小且穩定的大型股。

況且，因為新冠肺炎疫情的影響，大批資金流入股市，也有更多投資新手加入，即使是變動較小的大型股，一旦成為新聞或網路上的熱門話題，也會吸引來自市場的大筆資金，股價在短期間內飆漲。

在此現狀下，投資人的確無須將所有資金都押在新興市場股，以穩定的大型股占七成、新興市場股占三成的比例分配資金，也是不錯的做法。

開始學習股票的同時，也在網路證券開好戶

開始學習股票投資的同時，還有一件事非做不可——開設網路的證券戶。要先開好證券戶才能投資股票。開戶時要上傳駕照或身分證的照片，以證明申請人是本人，或是以郵寄方式寄出文件，大約十分鐘就能完成資料輸入。申請開設帳戶後，要等數日後審查通過才能交易，建議一開始就先開好證券戶。

網路證券的魅力在於，可以透過智慧型手機或電腦下單交易股票，手續既方便費用也便宜。

要開哪一家證券公司的戶頭，可依個人喜好來決定。以前各家證券公司的手續費差距較大，如今卻相差無幾，所以手續費無法作為判斷的根據。

你更該重視的是，哪一家的介面操作起來更方便。

建議可以多比較各證券公司的股票交易介面，選擇你覺得「操作起來最順手」的公司。

為此，你需要在各家證券公司開戶。由於開戶無需手續費，不知選擇哪一家的人可以同時開設三家證券公司的戶頭。

一邊摸索介面的操作方法，同時累積投資的知識

在金融和投資領域，分散持有好幾檔股票，或是各檔股票的資金配置，稱為「投資組合」（portfolio），使用網路證券戶，你可以在庫存頁面看到自己的所有持股，或是使用書籤功能將關注的股票全都列出來。

請務必摸熟自己常用頁面的內容及使用方式。

剛開始要記的東西很多，像是股票的基本知識或交易介面的操作方法，的確相當辛苦。光是「下單」這一項就有許多方式。

一般最常用的是，自行指定股票、股價及數量的**「限價單」**。例如，「想以五百日圓的限價買進A股票一百股」時，必須先輸入自己希望的買進價。

還有「無論股價多少都無妨，想用可以立刻成交的股價買到（賣出）」，無須輸入股價的「**市價單**」、以上午盤或下午盤的收盤價[3]下單的「**盤後交易**」、與限價單相反，「股價跌至五百日圓以下就賣出」的「**停損單**」，這些都是交易前應該知道的基本知識。

此外，也有同時掛出停利單和停損單，一支成交，另一支自動取消的選擇性委託訂單（one-cancels-the-other，又稱「二擇一OCO單」）、因應股價變動，自動調整止損價的「移動停損單」（trailing stop，又稱「動態停損單」），下單的方式相當多元。

實際動手操作，學習交易介面的使用方法，看到不懂的專業術語就立刻查詢。如此一來，你就能一步步累積股票投資的知識。

日股才能發揮日本人獨有的優勢

近來，美股投資雖然盛行，**若要開始投資股票，我認為還是應以日股為主**。

理由在於，日本的事只有在當地生活的日本人最了解。

對外國投資人來說，日語這門特殊的語言是他們投資日股的障礙，對日本人來說，卻是我們勝過外國人的優勢。

說到投資的成敗，從短期來看的話，隨機事件的影響較大，倘若從長期來看，成敗的關鍵最終還是得歸結於是否具備優勢。

投資美股的理由在於，美股中有很多比日本企業更強大的全球知名企業，流動性又高。可正因美股備受全球矚目，我們反而比較難掌握專屬自己的優勢。

市況好的時候，美股的優點確實較多，可一旦遇到市況不佳的寒冬期，日本人就會因為應對能力較差而吃虧。

投資個股必須詳讀企業的公開資訊。

日本企業的公開資訊即使是以日語為母語的我們讀來也頗費力，更別說分析還得花上大把時間。投資人的優勢與其解讀能力息息相關。

投資美股的話，除了需要不遜於母語人士的英語閱讀能力，你還得跟「股神」華倫・巴菲特等高手競爭理解能力。

正常來說，你應該不算具備優勢吧。

近年來，以日語介紹美股的書籍或日本人雖然增加了，卻也僅止於某人進行翻譯解說的程度，無法成為你的優勢。

在新冠泡沫經濟的影響下，全球的資金都集中在強勢股，如今正是熱絡的多頭市場[4]，可一旦進入嚴冬期的空頭市場[5]，日本投資人的戰力可能不堪一擊。

就這一點來說，**日股因為有日語這門語言守護，比起身在海外的外國投資人，日本人應該更容易發現日股的賺錢機會**。

舉例來說，我們雖然無法輕易到國外體驗外國企業的新產品，住在日本的我們卻能實際使用日本企業的新產品或光顧新開的門市。可以從消費者的角度親身感受企業的表現，這就是最大的優勢。

再說，日本人積極投資本國企業，還能提高企業的市值，提升日本企業的國際競爭力，不管對自己或國家整體而言都是加分，支持日股的確有其價值與意義。

如果真的很想投資美股，建議可以長期投資Google（現為Alphabet的子公司）或Facebook這些知名的全球ＩＴ[6]企業。理由在於，這些知名全球企業的日語解說資料非常多，而且ＩＴ可以寡頭壟斷全球市場，這個領域尚有成長的空間。

此外，ＩＴ相關企業即使身在日本也能使用其網路服務，從使用者的角度親身體會其服務的好壞優劣。

紐約證交所是全球熱錢匯聚的市場。全球投資人在此買進業績持續成長的知名企業股票。

正因如此，在英文解讀上不具備優勢的我們，直接選擇知名企業反而是上策。

這個道理就像自己沒有特別優勢時，投資與股價指數連動的ＥＴＦ（Exchange Traded Fund的簡稱，股票型指數基金），績效反而較好。

而且，一開始先藉由日股打好經濟和股票的基礎，再應用到美股的投資上，也有助於分散地理上的風險。

比方說，就算日本發生大規模災害，其影響也不至於波及美股。以本國股五〇％、外國股五〇％的比例，將資金分散配置於日股與美股，就能克服地理上的風險。

順帶一提，日本政府運用退休年金投資的ＧＰＩＦ（Government Pension Investment Fund，日本政府年金投資基金）是股票與債券各占五〇％，並採用國內與國外各半的比例，等於將資金分成四等分來配置投資組合。

想穩定賺錢就選ＥＴＦ，要翻轉人生就選個股

在能夠發揮日本人優勢的日股中，我尤其推薦「個股」。理由在於，我深信**個股可以幫助人成長，是享受股票投資醍醐味的最佳教材**。

投資個股就是認真研究一家公司，分析其未來的發展性。

自己平時吃的拉麵是哪家公司的？那是一家上市公司嗎？每天早上喝的咖啡，可以買那家公司的股票嗎？就像這樣，你會開始對所有企業產生興趣，在深入調查及研究的過程中，看待這世界的角度也會有所改變。

研究股票能讓你成為聰明的消費者，同時發展你對金錢的哲學，加深你的個人魅力。

股票投資除了買賣自己所選股票的「個股投資」，還有**以追蹤市場整體動向的指數（index）作為投資對象的指數型基金或ETF等選項**。

例如：以東證一部二百二十五家上市公司的平均股價為指數的「日經225」（日經平均指數）、以東證一部所有上市股票的股價為指數的「東證股價指數」（Tokyo Stock Price Index，縮寫「TOPIX」）、以美國兩大股票交易市場「紐約證券交易所」或「那斯達克市場」（NASDAQ）三十支最具代表性股票的平均股價為指數的「道瓊指數」（道瓊工業平均指數）、以那斯達克市場市值前一百名的股票（金融股除外）股價為指數的「那斯達克100指數」、標準普爾公司（Standard & Poor's）計算的「標普500指數」（S&P500）等，都是重要的股市指標。

而且，ETF雖說也是與日經平均指數、東證股價指數或道瓊指數連動的投資信託基金，但因為ETF本身有上市，只要在證券公司開戶，就能像股票那般輕鬆交易。

如果想持有東證一部二百二十五家上市企業最低單位的所有個股，需要一大筆資金，但你只要購買野村資產管理公司（Nomura Asset Management Co., Ltd.）的「NEXT FUNDS日經225連動型上場投信ETF（1321）」一股（約二萬八千六百九十日圓／二〇二一年七月九日收盤價），就能夠分散投資日本最具代表性的二百二十五家公司。

這樣就能迴避個股投資中「因利空導致股價暴跌」的風險。無須花費太多心力去詳細分析各家公司也是其魅力之一。

在缺乏足夠時間去學習或調查的期間，ETF也是不錯的選項。

而且，指數型基金不僅可以對應最低一百日圓的小額投資，還能使用購物點數投資[7]，投資門檻比個股低很多。這類投資即使一時出現評估虧損，隨著經濟規模的擴大，資產也會持續增加，姑且當作是在支付退休年金，持續買個幾十年的話，也能提高老後的期望值。

投資新手較容易加入、無須花費太多心力的投資標的就是指數。想要不擔風險、不費工夫，同時穩定增加資產的話，就可以選這個。

在投資中，為分散風險而將資金分配在不同市場的操作稱之為「資產配置」（asset al location），你當然也可以同時投資指數型基金與個股。

資產配置的基本原則是，高風險或「波動率」（volatility）較大的投資必須從小錢開始，所以應該將較多資產分配在指數型基金上（資產占比較大的稱為「核心資產」，占比較小的稱為「衛星資產」）。

以較小金額來投資波動較大的標的，在減輕心理負擔的同時也能提高報酬率，即使出現虧損，也能將損失降到最低。

從本業或興趣下手，專攻自己擅長的領域

接下來，讓我們進入第二週的行動——蒐集一百支在意的股票。

可以的話，最好從你的本業或興趣切入，**蒐集自己擅長領域的股票，才能找出其他人無法發現、專屬於你的優勢**。

只要能察覺一百個投資人中，九十個人都沒注意到的徵兆，就能在股價上漲之前比別人早一步買進，這就是股票投資所謂的「優勢」。

舉例來說，在家電大型賣場工作的人，最能親身感受到顧客的來店狀況。這樣的人就能在每期財報公布之前，更早察覺到同業其他公司的業績成長，搶先一步買進那家公司的股票。

每個人基於業界經驗或多年興趣所累積的知識與強項都不一樣。以我為例，因為曾經營過IT公司與服飾公司，擅長的是資訊通信業、服飾業、零售業這方面。移居海外之後，由於持續

關注金融與不動產，這兩項也算是我擅長的領域。

再厲害的人也不可能精通所有股票。像生化科技產業的公司所公布的資料，缺乏這方面專業知識的我即使看了也無法理解。

不過，如果你是醫師或醫療從業人員，或是生化相關科系的學生或研究人員，就能比我更深入理解這些企業的公開資料，並判斷是否值得投資。

你有能力解讀的領域愈困難、愈小眾，愈有可能成為你贏過他人的強大武器。這就是你在投資上的強項及優勢。

一定要充分活用你的強項！

學會解讀財務報表和線圖

寫下你在意的股票，等蒐集到一百家以後，接下來就是潛心研讀這一百家公司的四季報。四季報能讓你在短時間內掌握一家公司的概要。

若想更進一步判斷股票的好壞，一定要讀財務報表和線圖。

有些人深信只要閱讀其中一種即可，但我認為兩者均是股票投資缺一不可的主軸。從業績和線圖兩方面來判斷的做法，坊間稱為「技術分析與基本分析並行」（TechnoFunda Investing）。根據兩方的分析結果進行綜合判斷，能夠達到截長補短的互補效果。

首先，**你必須學會解讀由「損益表」、「資產負債表」與「現金流量表」組成的「財務三表」**。為此，你需要學習會計和簿記的知識。我在之前經營公司時已學過這方面的基礎知識，開始投資股票以後，又進一步深入這方面的學習。想要解讀財務三表，必須先理解財報上各項會計科目的定義。**光是「獲利」這一項，財報上就細分為五種，你必須能夠說出其中的差異**。

①的**營業毛利**是指扣除商品和服務所需成本、公司最基本的獲利，也稱為「毛利」。

②的**營業淨利**是從①的毛利扣除銷售及管理費用等公司主要營業項目的獲利。

③的**經常利益**是指在②的營業淨利加上「非主要營業項目之外經常產生的獲利及費用」（營業外收支）。比方說，收到利息或股利（營業外收入）、支付貸款利息（營業外費用）就屬於營業外收支。

在③的經常利益上，加上像賣掉持股時所獲得的證券交易所得，或賣掉房屋、土地等不動產交易時的損失，只在「本期特別發生的獲利或損失」（非常損益），得出的就是④本期稅前淨利，從

④的**本期稅前淨利**，扣除稅金後的本期淨賺獲利就是⑤**本期淨利（最終獲利）**。以上都是會計的基本知識，請務必牢記於心。

雖然在圖解中每個階段的獲利都在減少，但如果營業外收入大於支出，經常利益可能會比營業淨利更高，或者在該期發生特別高的非常獲利，本期稅前淨利也可能會比經常利益更高，也需要留意。

結算有多種方式，除了有只顯示單一公司決算的「**單獨結算**」、顯示整個集團結算的「**合併結算**」、國際會計準則（IFRS）、美國會計準則等，還有助於**判斷股價是否便宜的「本益比」（PER）和「股價淨值比」（PBR）的計算方法等**，這些基本知識都需要先牢記在心。

本書將最先需要記住的基本用語整理在第122頁至125頁，請讀者先熟記且能迅速說出其中含義。但由於篇幅有限，僅能收錄其中一小部

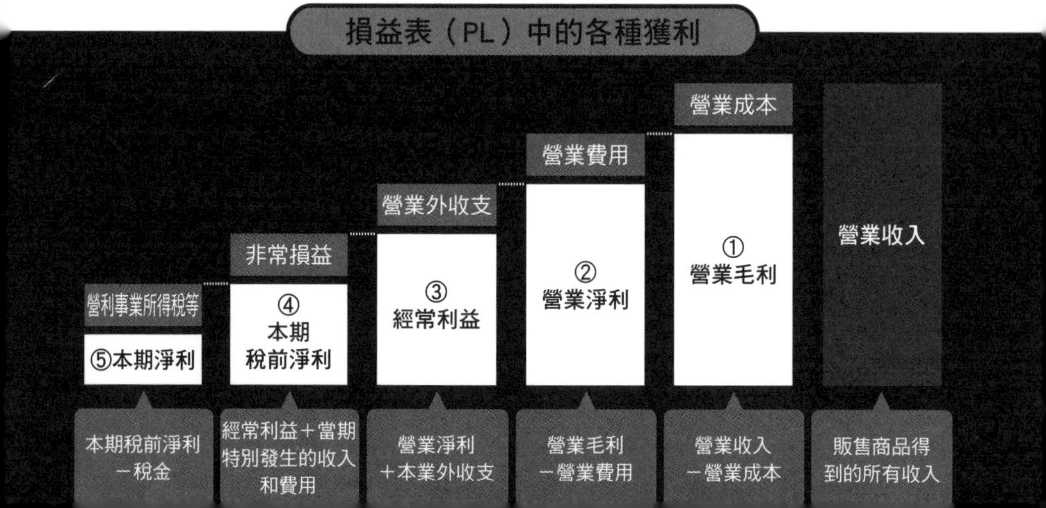

損益表（PL）中的各種獲利
營業成本
營業費用
營業外收支
非常損益
營利事業所得稅等
營業收入
①營業毛利
②營業淨利
③經常利益
④本期稅前淨利
⑤本期淨利
本期稅前淨利－稅金
經常利益＋當期特別發生的收入和費用
營業淨利＋本業外收支
營業毛利－營業費用
營業收入－營業成本
販售商品得到的所有收入

分。除此之外，還有許多基本用語需要熟記。遇到不了解的詞語時，請立刻搜尋證券公司的專業用語整理並理解其定義。

另外，線圖有一些基本的規則，先記住固定模式也是很重要的一環。

在線圖中像蠟燭形狀的稱為「**K線**」（又稱蠟燭線），K線可以顯示出一定期間內的**開盤價**（交易期間內最早成交的價格，即Open）、**收盤價**（同一交易期間內最後成交時的價格，即Close）、**最高價**（交易期間內的最高價，即High）和**最低價**（交易期間內的最低價格，即Low），讓投資人對該交易期間內的價格波動一目了然。

因為線圖的型態（K線圖的組合）是眾多投資者認同的解讀方式，所以必須記住這些基本模式。雖然實際情況未必完全按照基本模式發展，但如果沒有這些基本知識，就會增加不必要的失誤。

術語	說明
限價單	是一種由自己指定標的、股價和數量下單的方法。例如：「以500日圓的指定價格買進1000股A股票」或者「以500日圓的指定價格賣出1000股B股票」。在第一種情況下，如果市場上出現價格低於500日圓以下的賣單即成交。第二種情況下，如果市場上出現價格高於500日圓以上的買單便成交。但是，如果市場上沒有符合指定價格的訂單，則無法成交。
市價單	是一種不指定價格的下單方式。也就是說「不論價格多少都要買」或「不論價格多少都想賣」。例如，在指定買進的情況下，會以市場上最便宜的賣價成交。因此，如果市場上沒有出現低價賣單，就可能會以超出預期的高價買入。相反地，若是在想賣出的情況下，可能會有以低於預期價格賣出的風險。所以，此種下單方式只適用在想迅速成交的時候。
停損單	是一種與限價單相反的下單方式。例如，對於以1000日圓買入的股票，可以設定「如果價格跌至500日圓就賣出」。
順勢交易／逆勢交易	在買進的情況下，順勢交易是指在股價上漲時買入股票，逆勢交易是指在股價下跌時買入股票。若是在賣出的情況下，則與此相反。
PER（本益比）	**PER（倍）＝股價÷每股盈餘（EPS）** PER是Price Earnings Ratio的縮寫，是種表示公司淨利潤與股票市值之間關係的數值，可以用來觀察某張股票受市場關注程度。基本的解讀方式是本益比愈小，表示相對於淨利潤來說，這張股票的價格愈便宜。比如，「本益比10倍」代表投資人以每股淨利潤10倍的價格購買股票。一般來說，本益比平均在15倍。小於這個數值則表示這支股票的價格相對便宜。不過，不同產業的本益比平均值差異很大，要特別留意。
PBR（股價淨值比）	**PBR（倍）＝股價÷每股淨值（BPS）** PBR是Price Book-value Ratio的縮寫，用來表示公司淨資產（企業總資產減去負債後的數值）與股票市值間關係的數值，可用來判斷公司股價是否合理。一般來說，PBR小的股票，就算便宜。理論上，當股價淨值比為1時，表示公司的淨資產與市值相等，這應該是股價淨值比的下限。然而，實際上也有很多股票的股價淨值比會小於1。
BPS（每股淨值）	**BPS（日圓）＝淨資產÷已發行股票總數** BPS是Book-value Per Share的縮寫，表示每股所擁有的淨資產價值。股價除以每股淨值，就可以計算出股價淨值比（PBR）。

用語	說明
ROE（股東權益報酬率）	**ROE（％）＝本期淨利÷股東權益×100** ROE是Return On Equity的縮寫，是用來衡量公司如何有效運用股東的資本來產生利潤的指標。股東權益報酬率愈高，表示公司能更有效運用股東的資本，容易獲得投資人的青睞，股票價格也更有可能上漲。股東權益報酬率是評估股票最重要的指標之一。通常股東權益報酬率至少應達到8%，15%以上則被視為優秀的經營表現。
ROA（資產報酬率）	**ROA（％）＝本期淨利÷總資產×100** ROA是Return On Assets的縮寫，是用來評估公司如何有效運用其包含負債的所有資產來產生利潤的指標。通常像鋼鐵、化學、電氣設備、造船等重工業及大型製造業等業種，資產報酬率超過5%者，就可視為優良企業。但在不需要進行太多設備投資的網路電信業種，資產報酬率數值就必須大於5%。
成本	大致可分為「製造成本」與「進貨成本」兩種。對商品進貨後直接轉賣銷售的零售業，稱為「進貨成本」；對自己製作產品再販售的製造業而言，則稱為「製造成本」。另外，「營業成本」一詞，則專指該年度販售商品的成本，不包含未銷售完畢的進貨金額。在這之中最難計算的就是生產產品時發生的所有成本，也就是「製造成本」。
管銷費	指銷售費用和一般管理費用。例如行銷費、銷售手續費、租金、薪資、折舊費用等企業進行主要業務時，必要的營業成本以外的費用。
營業毛利（毛利）	**營業毛利＝營業收入－營業成本** 營業毛利是損益表中首先出現的獲利，可以大致看出企業的利潤。從該年度銷售商品的總額，也就是營業收入，減去進貨和生產所需費用的營業成本，即可算出營業毛利。
營業淨利	**營業淨利＝營業毛利－管銷費** 指企業以主要業務獲得的利潤。
經常利益	**經常利益＝營業淨利＋營業外收入－營業外支出** 指公司主要業務和營業外收支加總後的總利潤。此數值是透過主要業務獲得的利潤（營業淨利），與放款或貸款的利息等這些主要業務之外的財務活動所獲得的收益和費用綜合計算得出。此數值適合用來掌握企業整體的經營成果。
本期稅前淨利	**本期稅前淨利＝經常利益＋非常利益－非常損失** 是指公司在繳納所得稅等稅金前的利潤。這個數值是在經常利益的基礎上，加上只有在本期發生、出售不動產或有價證券等所得的非常利益，並扣除像不可預期的天然災害造成的特殊損失後，計算得出。

本期淨利	**本期淨利＝本期稅前淨利－所得稅等費用** 本期淨利是從稅前淨利中扣除該期應繳納的稅額後得出的最終利潤。這個數值可以顯示公司在特定期間內營運總共獲得多少利益，也稱為「稅後損益」。
單獨結算／合併結算	單獨結算指單一公司本身的結算。合併結算指包含子公司和關係企業在內，整個集團的結算。
開盤價／收盤價／最高價／最低價	「開盤價」指在一個交易期間內最早成交的價格；「收盤價」指在同一交易期間內最後成交的價格。「最高價」指在該交易期間內成交的最高價格。「最低價」則是指該交易期間內成交的最低價格，也可以簡稱為「開高低收」（取Open、High、Low、Close字首，簡稱OHLC）。
蠟燭線（K線圖）	可以顯示特定期間內的最高價、最低價、開盤價和收盤價。如果是一天的時間，這叫做「日線圖」，將一整天交易時間內股票價格的變動（開高低收）用一根蠟燭狀的圖形表示。蠟燭圖中的柱狀體長度表示市場的波動，如果柱體很長，表示當天的股價變動很大。蠟燭圖的柱體部分如果是白色或紅色的標記，表示收盤價高於開盤價，稱為「陽線」。如果顯示為黑色或藍色，表示收盤價低於開盤價，稱為「陰線」。顏色的設定會因不同證券公司或個人設定而有所不同。蠟燭圖上下延伸的細線稱為「影線」。向上延伸的稱為「上影線」，表示最高價；向下延伸的稱為「下影線」，表示最低價。
信用交易．融資融券餘額	信用交易是指與使用自有資金買賣股票的「現貨交易」不同，透過運用現金或股票作為擔保，向證券公司等借款來購買股票的「融資」，或者借入股票在市場上賣出，然後再買回股票歸還給證券公司的「融券」（放空）。由於信用交易可以進行至保證金約3.3倍金額的交易，預期收益可能大幅增加，但相反的預期損失也可能擴大。另外，尚未透過信用交易結算的融資或融券餘額稱為「融資融券餘額」。
現股當沖	是指在結算交割融資的股票「未平倉買入契約」時，支付現金取回現物（即股票）的方式。通常情況下，未平倉買入契約和借入的資金需要透過反向交易（此情況下是賣出該張股票）來結算。然而，透過選擇「現股當沖」的方式，投資者可以在不賣出未平倉買入契約的情況下完成信用交易結算，之後並可繼續持有該股票。
資券當沖	資券當沖是信用交易的結算方式之一。在結算賣出建倉的股票時，並非透過買回股票進行差額結算，而是以手頭原有或透過其他方式取得的同一張、相同股數的股票來結算，這也被稱為「資券互抵」。在信用交易制度中，結算期限為六個月，但如果在這期間內股價沒有下跌，資券當沖就可以作為買回股票之外的另一種結算方法。

超額配售 （Over-allotment）	當企業進行股票公開發行或出售時，如果買入訂單數量超過預定的股票數量，主要承銷的證券公司會暫時從該企業的大股東等處借股票，並以與公開發行或出售相同的條件額外出售這些股票。但超額配售的數量有上限，通常為公募或出售數量的15%。
綠鞋機制 （Green Shoe Option）	這是賦予進行超額配售的主要承銷證券公司的一種權利。在歸還借入的股票時，如果市場價格高於承銷價，從市場上購買股票會變得更昂貴，因此這項權利允許承銷公司以承銷價購買股票，而不受市場價格影響。
聯合承銷團保護交易 （Syndicate Covering Transaction）	在將超額配售的股票歸還給借入方時，從市場上購買該股票的交易。如果在銷售後，市場價格低於承銷價，則可從市場上以較低價格購買股票，而無需行使綠鞋機制的權利，這種交易被稱為「聯合承銷團保護交易」。在這種情況下如果股價下跌，主要承銷證券公司可以透過這種交易獲利；如果股價上漲，則可以使用綠鞋機制來避免風險。
股份交換 （Share Transfer）	股份交換是指為了經營整合或併購，或者將已經是子公司的公司百分之百子公司化而進行的組織重組行為。透過將子公司發行的股份與母公司發行的股份進行交換，可以將目標公司變成百分之百的子公司。這樣，市值高的公司可以在不動用併購資金的情況下進行企業併購。
股份轉讓 （Share Exchange）	針對已存在的股份有限公司進行組織重組，讓新成立的公司（全資母公司）取得該公司全部已發行股份。目標公司的股東將成為新成立全資母公司的股東。透過股份轉讓成立的新公司稱為「股份轉讓成立之全資母公司」，完全子公司化的公司稱為「股份轉讓之全資子公司」。
新股認購權	在每張股票指定的權利行使期間內，支付指定價格後，即能以預先確定的價格取得該公司股份的權利。主要可分為以下四種類型，一是員工或董事可按預先確定的價格獲得公司股份的「股票選擇權」、二是因調度資金的需要向外部發行新股認購權的「對外發行」、三是向現有股東無償分配新股認購權，使其能以低於市場價格購買公司股票的「無償分配」和第四種向特定個人或法人發行新股認購權的「有償認購」。
附新股認購權公司債	這種公司債附帶新股認購權，亦稱為「可轉換公司債」（Convertible Bond, CB）。該債券賦予持有人在一定條件下將債券轉換為股票的權利（轉換選擇權）。此類債券結合了公司債和股票的兩種優點，一個是持有人可以按期收取利息，若在到期日仍持有該債券，可取回帳面金額。另一特點是持有人可以將此種公司債轉換為股票，從股票價格上漲中獲利。

研究開發費用是掌握未來的關鍵

「研究開發」是指為了創造出前所未有的產品、服務、製造方法等所進行的調查和研究。簡單來說，這是為了打造全新業務所需的成本。

有研究指出，日本和美國兩者對研究開發的規模和定義上有所不同。日本企業傾向於加強現有業務而進行一定規模的研究開發，而美國企業則積極進行研究開發以創造出全新不同的業務。

研判一支股票今後是否有發展性，「研發」是觀察重點之一。我認為，會在新事業的開發投入巨額資金，以因應未來時代新需求的企業，將來的成長空間較大。

舉例來說，Google（現為 Alphabet 子公司）在二〇〇六年十月，以高達十六億五千萬美元（約兩千億日圓）收購成立僅一年八個月的 YouTube，如今 YouTube 已成為其重要事業支柱之一。

Google 之所以能慧眼識珠，看出剛創立不久的新創企業 YouTube 所具備的發展性與潛在價值，理由在於 Google 長久以來一直透過自家創立的 Google Videos 研究網路影片這個領域，從不懈怠。research & development（研究開發）無疑是對未來最棒的投資。

當時的巨額收購價雖然震驚世人，如今YouTube每年可以賺進高達兩兆日圓的廣告收入，遠遠超過當初的收購費用。

關注全球上市企業每年的研發費用排行榜，前一千名的企業中，有些企業的研發費用甚至超過一兆日圓。

那些我們耳熟能詳的全球知名企業，諸如Amazon、Samsung、Intel、Apple，為了維持成長，每年投入一兆日圓以上的預算進行研發。

為了方便讀者理解，在此雖以美國企業為例，其實日本企業中也有許多公司致力於研發。例如豐田汽車（Toyota）每年都投入一兆日圓在研發上，我想這就是豐田汽車之所以能成為全球知名汽車製造商的理由。

雖然「研發」目前尚未受到所有企業重視，但我認為**一家企業是否持續在研發上注入心力，將成為今後投資人研判該企業是否值得作為長期投資的對象，並給予支持的關鍵**。

即使是個人，愛好學習，願意將時間、金錢與熱情投注在這方面的人，毫無例外都能做出成果，我想企業應該也是如此。

因此，我們必須觀察企業是否為了將來的發展提早播下種子。

使用「公司四季報」的線上篩選功能，可以按照各家公司在研發投入的金額多寡列出排名。順帶一提，每年投入超過一百億日圓進行研發的上市企業，日本約有一百九十家（截至二〇二一年九月）。

反之，在研發方面沒有投注太多心力的企業，代表他們光是維持現狀就已經很吃力，或是過度安於現狀，即使目前的成績亮眼，從長遠來看，今後逐漸衰退的可能性極高。

另外，**要研判一家企業將來發展的可能性，CEO也是非常重要的依據**。

正如「一家企業的未來發展，取決於領導者的格局」這句話，要衡量一家企業的價值，必須了解社長是怎樣的人。社長的更替也是直接影響股價的要因之一，當領導者的遠見與執行力開始受到市場信賴，公司股價也會跟著上漲。平時多關注社長的採訪報導或法人說明會的影片，才能更了解其能力與個性。

股價今後有望大幅成長的股票，其條件有：①市值較小、②剛上市不久、③市場的先驅。

其中，③是與競爭對手差異化最重要的條件。

能夠滿足①和②的條件固然很好，但市值本就很高的股票有時還能更上一層樓，或是上市已久的股票突然股價飆漲，因此①和②不是一定要滿足的條件。

以二〇二一年上市的股票「QD Laser Inc」為例，上市僅一個禮拜，市值就從兩百七十五億日圓大幅攀升至七百一十五億日圓。

其股價飆漲的原因，除了IPO（首次公開發行）股票剛上市本就容易受到市場矚目之外，能在太陽眼鏡內投射各種影像資訊的智慧型眼鏡新技術，也讓該公司的股票成為市場先驅，大受投資人青睞。

所謂「先驅」，簡單來說，就是沒有同類型的競爭企業。即使市面上已有類似企業，由於其產品與商業模式極為獨特，其他企業也無法輕易模仿。

例如以綠蟲藻為原料，開發保健食品、化妝品與生質柴油燃料的日本生技新創公司「Euglena」。該公司自二〇一二年上市以來，曾經歷一段頗長的艱苦期，直到二〇二一年股票的交易才開始活躍起來。

由於該公司從事的是**稀有且獨一無二的研究**，其產品只要符合今後時代的需求，業績就會成長，股價自然有望大漲。

其他的選股訣竅還有：④可自行預測其業績（營收或獲利）將急速成長的股票、⑤因為新聞報導或電視廣告，大眾認知度今後有望提高的股票、⑥先期投資期間已結束，於本季度由虧轉盈，接下來一整年都能獲利的股票、⑦併購可以和本業發揮加乘效果的公司，營業額有望快速成長的股票、⑧再生能源、量子電腦、網路安全（cyber security）這類市場熱門概念（資金集中的領域）中，最受矚目的人氣領導者品牌的股票、⑨新事業近來呈現明顯成長的股票。

將「現在應該買這支股票」的理由全都寫下來

第三週的行動是鎖定一支要投資的股票。

仔細研讀你感興趣的公司目前為止公布的所有資料，從中挑出一支你認為最有潛力的股票。

「在我有生之年，都要持有這支股票！」最好是足以讓你心生這種想法的公司。

雖說剛開始投資時，選股的判斷容易失誤，如果不抱著要和對方相處一輩子的覺悟認真地選股，一旦遇到投資過程中必經的股價下跌期，就會因為不安而忍不住賣掉股票，無法順利地獲利。

最後鎖定的公司，至少要研讀該公司三年份的「財報快訊」（簡稱「快訊」），掌握其近年的財務狀況，如果那是一家歷史悠久的大企業，最好細讀十年份的「快訊」。

之所以要研讀這麼多年份的「快訊」，是為了將該公司的歷史變遷與重要關鍵字牢牢刻印在腦中。雖說「快訊」不一定愈往前回溯愈有利，可以肯定的一點是，反覆閱讀「快訊」愈多次，也會有愈多新發現。

如果能閱讀比「財報快訊」更加詳細的「年度財務報告」（簡稱「年報」）更好，不過實際的「年度財務報告」中往往有許多冗長的敘述，或是與「快訊」重複的內容。我通常只在很想知道某些細節的時候，才會將「年報」當成字典查詢，參照其中相關的敘述。

如果可以拿到活用圖表或概念圖進行解說的「法說會簡報資料」，有時甚至無須再讀「財報快訊」或「年度財務報告」。

最理想的做法是先閱讀「法說會簡報資料」掌握企業大致的財務狀況，然後細讀「快訊」全文，讀完這兩種資料若是還有不明白的地方，此時再從「年報」搜尋想要調查的內容。如果這麼做仍無法釐清你的疑問，可以洽詢該企業負責「投資人關係」[8]（investor relations，簡稱IR）的人員，或在社群網路請教熟悉這方面的人。

最後，將你認為那支股票的股價可能會上漲的理由，以及可能受投資人青睞的原因全都寫下來，為自己「現在應該買這支股票」的假設找出強而有力的根據。

一支股票至少要能列出三個值得看好的理由才能投資，如果可以列出十個更佳。同時一併寫下該公司有可能遭遇的風險。

此外，再好的股票如果不能用好價格買到，依舊是失敗的投資。為了說服自己現在應該買進那支股票，你需要能證明「現在的股價絕對不貴」（今後還會上漲）的依據。

之後好長一段時間，每當股價漲跌之際，都要重新回顧自己當初寫下的依據。千萬不要買下股票就放著不管，你應該經常回過頭來檢視「這支股票的發展是否符合自己當初的預測？」、「那時的預測是否有誤？」、「造成預測失誤的原因是什麼？」

每當企業公布當季財報時，都要確認該企業的業績表現是否符合自己的預測，千萬不可以偷懶。在你反覆進行「假設↓實行↓驗證」的過程中，你的投資預測將變得愈來愈精準。

失敗不是一件丟臉的事，而是幫助你快速成長的捷徑。倘若因為害怕失敗就逃避挑戰，反而會給自己招來更可怕的後果——什麼都不做、只能不斷衰退的未來。

從假設的錯誤中找出自己需要改善的地方，才是成為股票投資達人的鐵則。

1 指金融資產的任意組合，理想的投資組合是兼具「高流動性」、「平穩」及「較高收益」、「低投資風險」等。

2 日本股票市場的股東優待制度是指：針對符合一定條件的股東，以發放實物、優待券、儲值卡、兌換卷、入場卷等或提供服務的方式，來回饋股東。

3 日本股票市場（東京市場）的交易時間，為日本時間早上九點到十一點半（上午盤），與中午十二點半到下午三點（下午盤），各兩個半小時，總計五個小時。臺灣的股票市場交易時間則是平日早上九點至下午一點半，中間不休息。

4 多頭是指投資者看好股市，股價長期保持上漲趨勢的股市稱為「多頭市場」，亦稱「牛市」。

5 空頭是指投資人看衰股市，部分投資人因為恐慌賣出手中持股，保持空倉觀望，造成股市行情持續下跌，一般稱為「空頭市場」，亦稱「熊市」。

6 資訊科技（information technology，簡稱 IT），涵蓋蒐集、使用、傳輸和儲存數位資訊的各種技術，是通訊科技的一種。

7 「點數投資」是將平時刷信用卡或網路購物累積的點數拿來投資金融商品，不用現金所以沒有本金虧損的風險，非常適合投資新手。

8 上市企業的「投資人關係」部門主要負責企業與資本市場的溝通，包括法人說明會的舉辦與重大資訊的統整發布、股東意見的蒐集與回覆、資本市場與股東結構分析、各類企業財務暨營運報告的編譯等。

【一定要牢記的K線種類】

從「K 線」可以看出一天內股價的波動，請務必掌握基本的解讀方法！

陽線

	大陽線			小陽線		下影陽線		上影陽線	
名稱	光頭光腳	光頭	光腳		紡錘（陀螺）		鎚子（雨傘）		倒鎚（鎚子）
特徵	漲勢強烈的表現，可以期待後續的上漲。	開盤時價格下跌，但低價位得到多頭支援，將價格拉高直至收盤。代表市場強勢。	買方強勢進攻，價格一路上漲，但出現在高檔區時，保險起見還是要小心。	股價稍微上漲的狀態，買氣持續的徵兆。	不知股價將如何變動，投資人處於暫且觀望的狀態。	代表股價已經探底。買方勢力轉強的市場將持續。	在低檔區或高檔區出現時，是行情反轉的徵兆。	在高檔區出現要注意行情反轉下跌。	股價暫時上升，但上漲動力不足，無法持續。在高檔區出現要注意行情反轉。

陰線

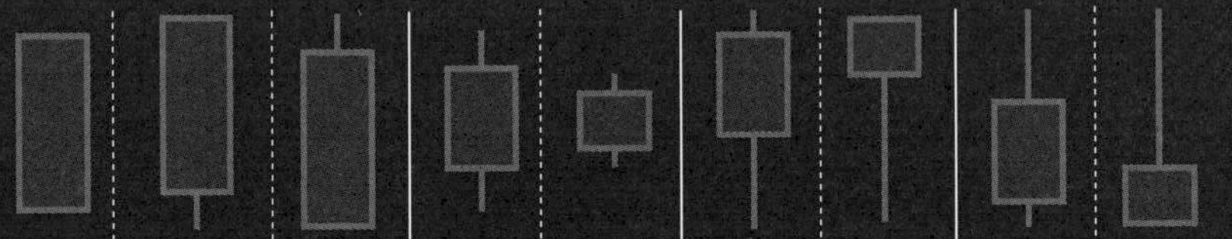

	大陰線			小陰線		下影陰線		上影陰線	
名稱	光頭光腳	光頭	光腳		紡錘（陀螺）		鎚子（雨傘）		倒鎚（鎚子）
特徵	股價下跌，市場呈一邊倒的萎靡狀態。	股價一度下跌，獲買盤支撐，盤中股價拉回，但最終不敵賣壓。	開盤後先上漲，之後賣方力量強勁，最終在最低價收盤。	市場尚不明朗，但賣方佔上風。	不知股價將如何變動，投資人處於暫且觀望的狀態。	出現在高檔區代表由漲轉跌，在低檔區代表由跌轉漲，是行情反轉的徵兆。	出現在低檔區或高檔區時，是股價反轉的徵兆。	開盤時買方雖占上風，賣方反攻的力道很強，最後賣方占優勢。	出現在高檔區時代表拋壓較重，行情疲軟。股價有反轉下跌的可能。

其他

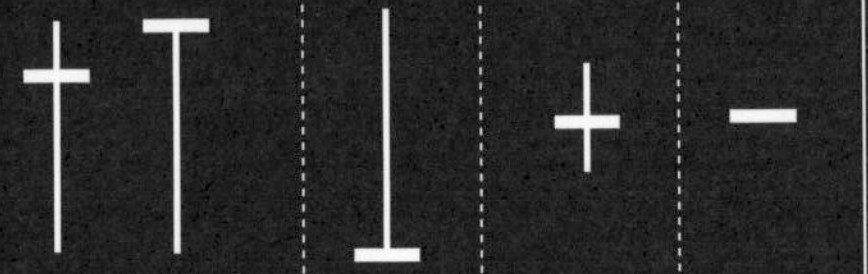

	開盤價即收盤價			
名稱	T字線（蜻蜓線）	倒T字線（墓碑線）	十字線	一字線
特徵	賣壓一度很強，但下跌後買方的實力更強。出現在低檔區時，代表行情可能會回升。	出現在高檔區時，代表行情可能由漲轉跌。	多空雙方力量暫時均衡。出現在高檔區或低檔區時，代表行情可能反轉。	股價完全沒有變動的狀態，是行情轉換的前兆。

【一定要牢記的K線組合BEST9】

在此介紹最重要的 9 種「K 線組合」

1. 早晨之星

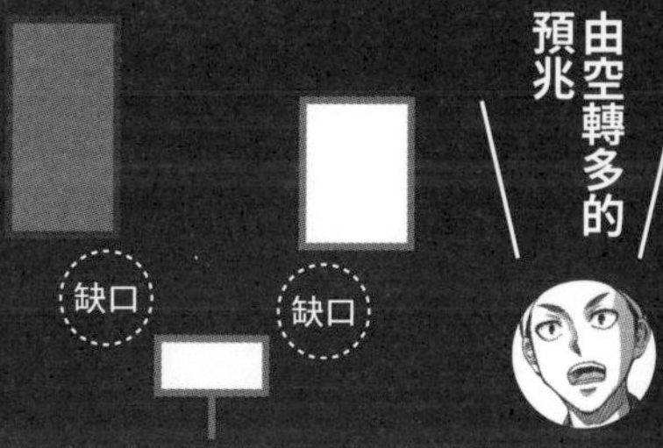

缺口
缺口
由空轉多的預兆

長陰線後跳空開「缺口」，緊接著紡錘線出現，再次開「缺口」後，長陽線出現。代表股價在大批賣出後觸底反轉，由空轉多開始上漲，是買進的訊號。

2. 黃昏之星

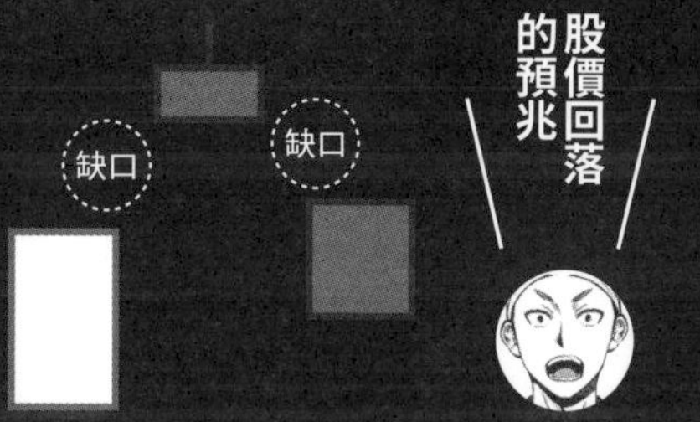

缺口
缺口
股價回落的預兆

跟「早晨之星」相反，長陽線後跳空開「缺口」，緊接著代表小幅變動的紡錘線出現，再次開「缺口」後，長陰線出現。代表股價反轉由多轉空，後市不樂觀，是賣出的訊號。

三法

代表小幅波動的陽線或陰線接連出現，市場處於停滯狀態。「三法」出現後，市場會出現大幅波動。

3. 上升三法

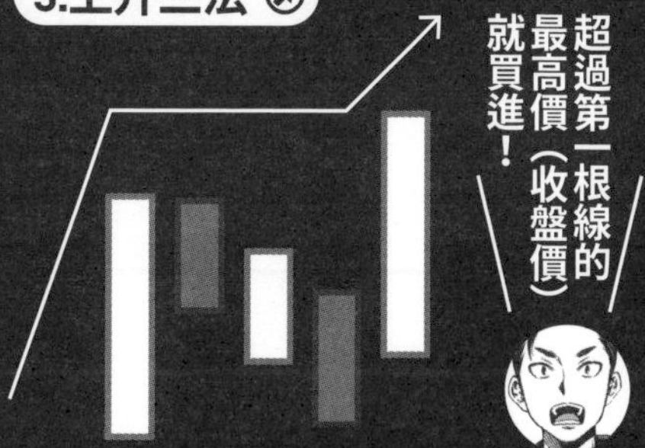

超過第一根線的最高價（收盤價）就買進！

股價上漲的過程中，大陽線後穿插三根陰陽線，之後又出現大陽線，其最高價（收盤價）明顯高於第一根線的最高價（收盤價）。代表經過短暫的盤整，股價會再創新高，是買進的訊號。

4. 下降三法

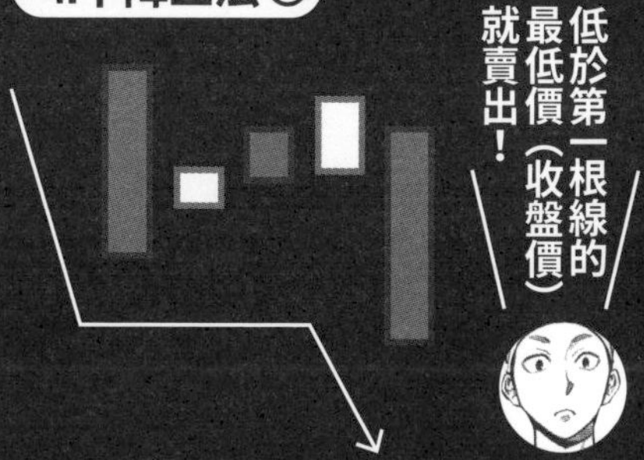

低於第一根線的最低價（收盤價）就賣出！

股價下跌的過程中，大陰線後穿插三根上漲的陰陽線，之後又出現大陰線，其最低價（收盤價）明顯低第一根線的最低價（收盤價）。代表股價會再創新低，是賣出的訊號。

5. 吊頸線

股價上漲的過程中，出現跳空「缺口」後，出現開盤價大幅拉升、下影線長度超過實體三倍的陽線鎚子（雨傘），代表市場不斷震盪下挫，收盤時才將股價拉起，以最高價收盤。鎚子（雨傘）的下影線愈長，頂部反轉的可能性愈高，後市往往看淡。

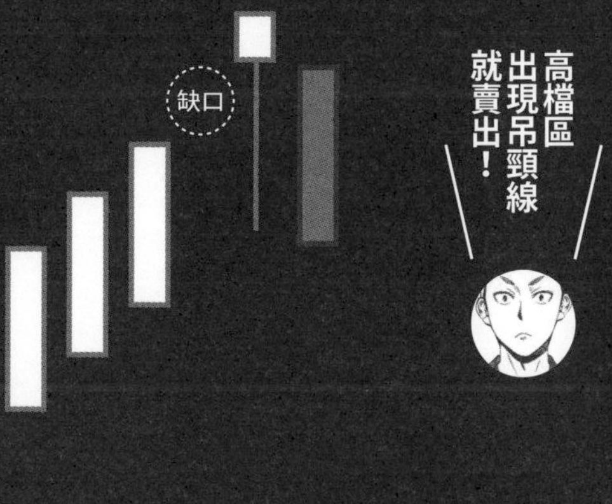

缺口
高檔區出現吊頸線就賣出！

6.鑷頂

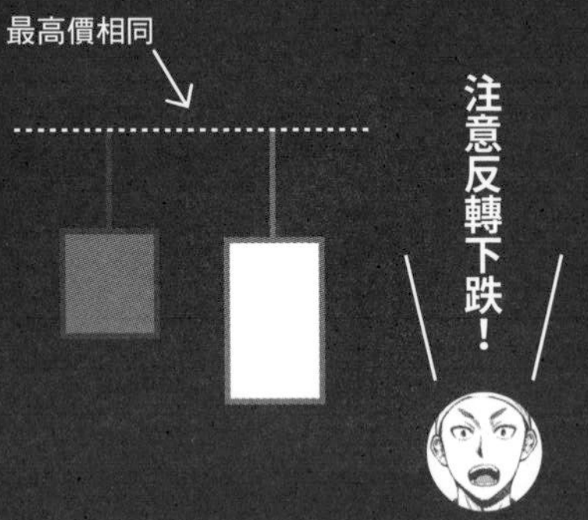
最高價相同
注意反轉下跌！

在股價高檔區，第二根K線（右）的最高價與第一根陰線（左）相同，沒有超出第一根線的最高價。代表股價會反轉下跌，是賣出的訊號。

7.鑷底

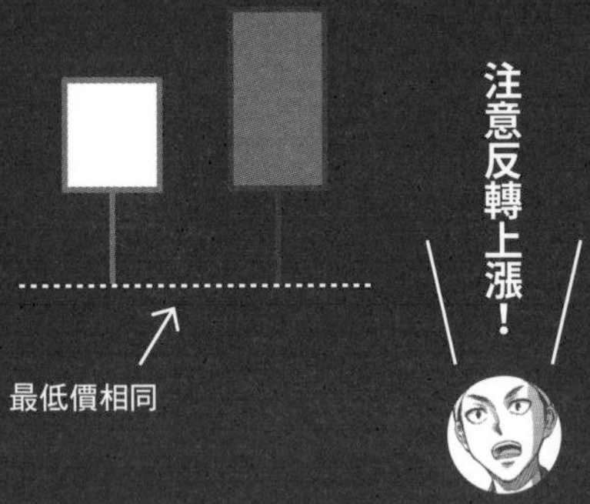
注意反轉上漲！
最低價相同

在股價低檔區，第二根K線（右）的最低價與第一根陽線（左）相同，沒有突破第一根線的最低價。代表股價反轉上漲，是買進的訊號。

8.抱線（包線）

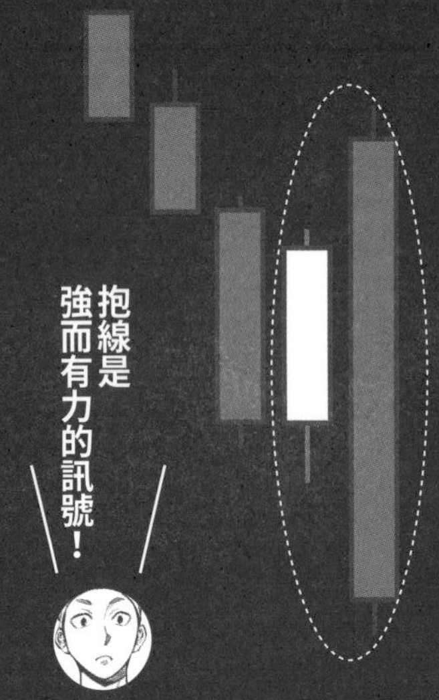
抱線是強而有力的訊號！

正如其名，第二根K線將第一根K線環抱住，別名「outside」（出界）。最新K線如果是環抱住前一根陽線的陰抱線，代表股價一直下跌，市場持續拋售。反之，最新K線如果是超出前一根K線最高價的陽抱線，就是反轉上漲的訊號。

9.孕線

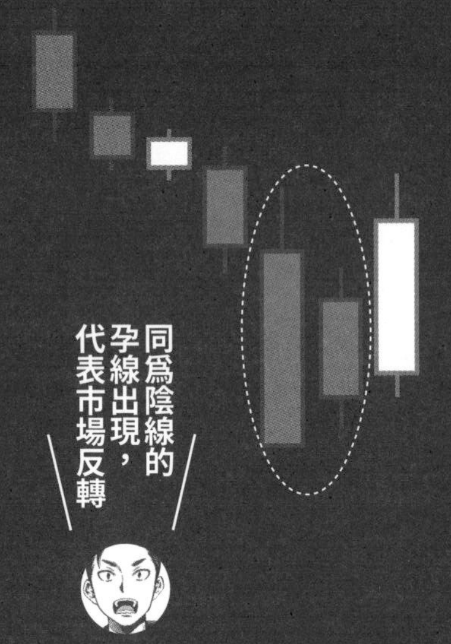
同爲陰線的孕線出現，代表市場反轉

因為看起來像媽媽懷著孩子，所以名為「孕線」。跟「抱線」正好相反，第一根K線將第二根K線環抱住。一共有四種組合，低檔區出現同為陰線的孕線時，代表可能會谷底反彈。

【一定要牢記的「價格三區」線圖型態】

預測股價變動的基本線圖型態，務必要記住喔！

高檔區型態

行情漲到頂時容易出現的型態。不過，股價有時不一定就此到頂，也有可能突破高點。

頭肩頂

行情漲到頂時常看到的型態。中間的山峰最高，左右兩側的山峰較低。出現這樣的型態，一旦跌穿頸線（連結谷底低點的線），就是賣出的訊號。

雙頂

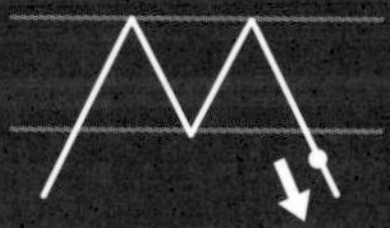

由兩個幾乎相同的山峰組成，代表行情衝到高點後回落下跌兩次。股價由漲轉跌的型態之一。一旦跌穿頸線，就是賣出的訊號。

三重頂

行情出現三個轉折高點後下跌的型態。出現這樣的型態時，之前在高檔的時間越長，後續下跌的力道就越強。一旦跌穿頸線，就是賣出的訊號。

低檔區型態

與「高檔區」相反，行情跌到底時會出現的型態。

頭肩底

中間的谷底最深，左右兩側的谷底較淺。一旦漲穿頸線，代表行情強烈反轉，此時可以買進。

雙底

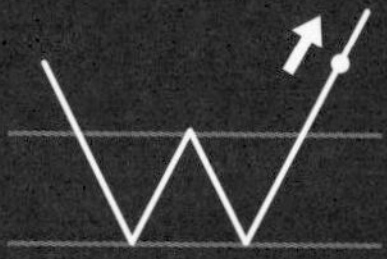

由兩個幾乎相同的低谷組成，代表行情跌到低點後反轉上漲兩次。代表股價上漲的型態。一旦漲穿頸線，就是買進的訊號。

三重底

行情出現三個轉折低點後上漲的型態。一旦漲穿頸線，就是買進的時機。之前在低檔的時間愈長，後續反彈上漲的動力就愈強。

走勢延續中

行情上漲後盤整，再次走高的型態。也有行情下跌後反彈，再次走低的相反型態。

旗形（上漲）

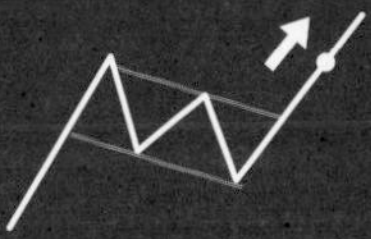

漲勢持續一陣子後，行情來回盤整呈旗形。一旦漲破旗子上緣的延長線（盤整線），就是買進的時機。也有下跌的旗形型態。

三角旗形（上漲）

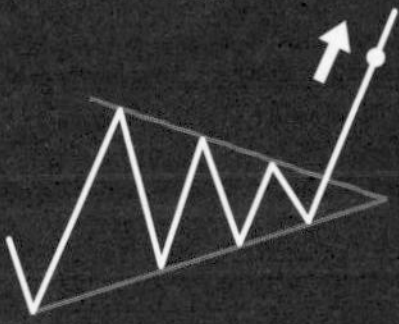

行情漲破高點後下跌、跌破低點後又上漲，呈三角旗形進行盤整。來到收斂點，一旦漲穿三角旗上緣的盤整線，就是買進的時機。也有下跌的三角旗形型態。

楔形（下跌）

楔形型態是股價在上下兩條界線之間變動，兩條線同時往右下傾斜，最後收斂於一點。跟三角旗形一樣，一旦漲穿上緣的盤整線，就是買進的時機。

【知道更加分的線圖組合型態】

學會讀懂線圖中的「股價波動」（價格走勢分析）！

平臺起飛

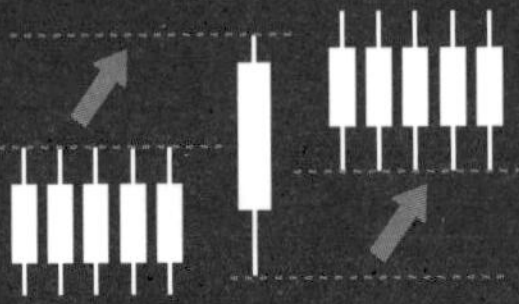

突破價格水平後開始上漲的價格走勢。中間作為判斷基準的K線，其最高價高於過往K線的最高價，之後出現的K線群，其最低價均高於中間基準K線的最低價。這是行情開始上漲的訊號。

平臺降落

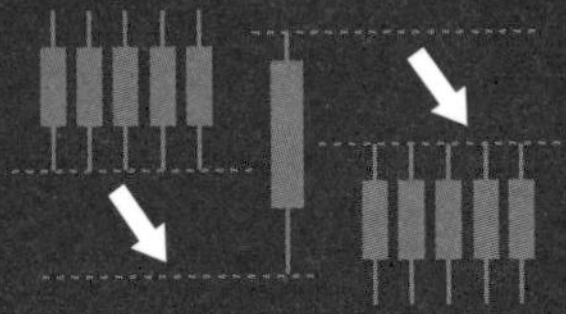

跌破價格水平後開始下跌的價格走勢。中間作為判斷基準的K線，其最低價低於過往K線的最低價，之後出現的K線群，其最高價均低於中間基準K線的最高價。這是行情開始下跌的訊號。

鑽石

連結最高價與最低價的線呈菱形的線圖組合型態。鑽石出現後，股價波動出現漲升。這種型態是「頭肩頂」（下跌訊號）的否定型，代表股價的上漲會加速。

跟左圖相反，是持續下跌的訊號。鑽石出現後賣壓會持續。

尖頂

其特徵是最後出現強而有力的上漲。由於「買進吸引更多買進」，股價再創新高。之後行情急轉直下，投資人紛紛賣出停損，引發更大幅度的下跌，這是賣出的訊號。

尖底

又名「V形底」，是「尖頂」的相反型態。股價觸底，最後的停損結束之後，行情開始急速上漲。

蝴蝶

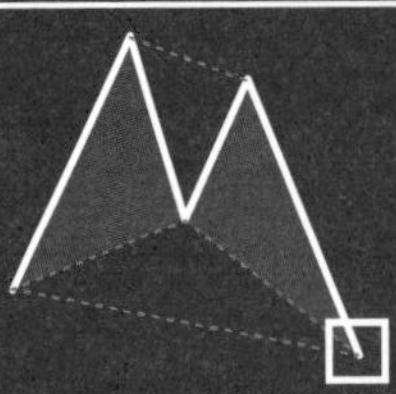

以正中央的轉折點為中心，左右兩側的三角形呈蝴蝶翅膀狀，看起來像英文字母的M。蝴蝶型態在漲勢中出現，代表接下來走勢會延續，或行情即將漲到頂。

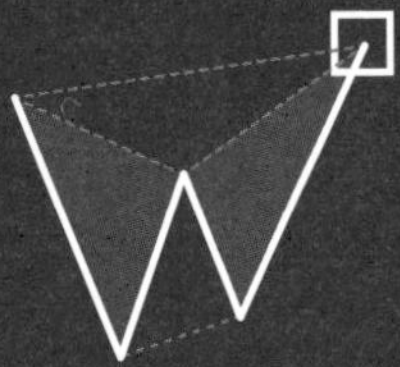

與左圖相反的型態。行情大幅下跌之後回升，之後再次急跌又回升反彈，走勢呈W字。出現在低檔區時，股價觸底後走勢可能會反轉上漲。

碟形底

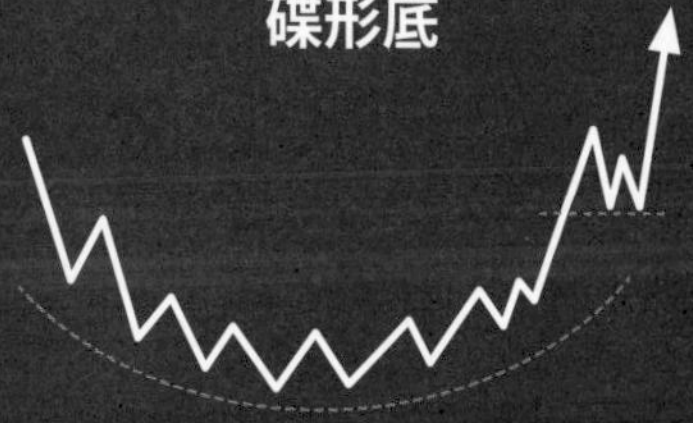

碟形在日文中又稱「圓形反轉」。出現在低檔區時，一旦突破右端的尾部價格，行情就會走得又快又急，是買進的訊號。

碟形頂

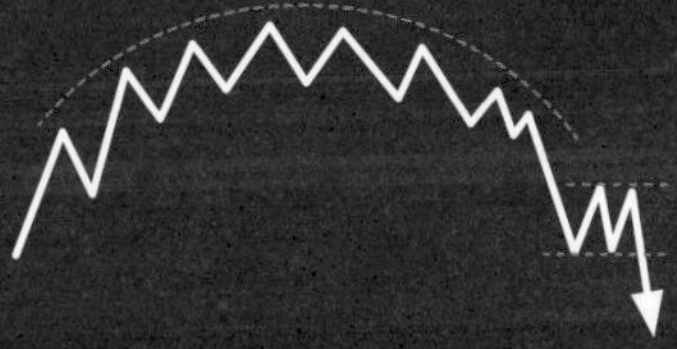

出現在高檔區，緩漲與緩跌的走勢畫出一道圓弧。即使出現短暫的盤整，一旦跌破低點會持續下跌，而且跌勢更快。

矩形

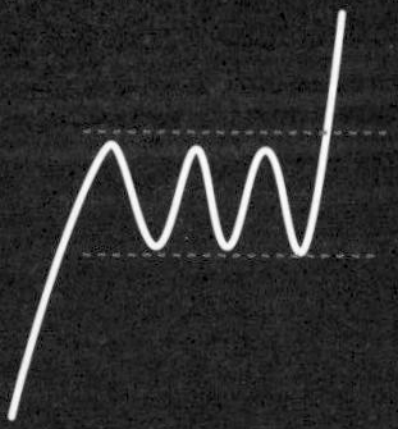

又稱「長方形」，股價在兩道平行線之間徘徊緩滯，進行盤整。一旦漲破盤整線，就會持續上漲。

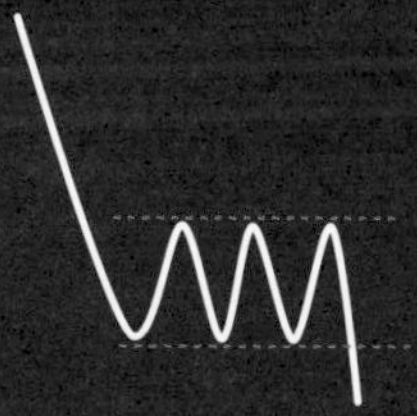

跟左圖相反，股價在兩道水平線之間徘徊緩滯，進行盤整。一旦跌破盤整價，就會一口氣急跌，是賣出的訊號

杯柄形

股價一度大幅下跌，但之後行情回漲，最後突破壓力線一口氣上漲。從日K線來看，股價有可能突然翻了數倍。

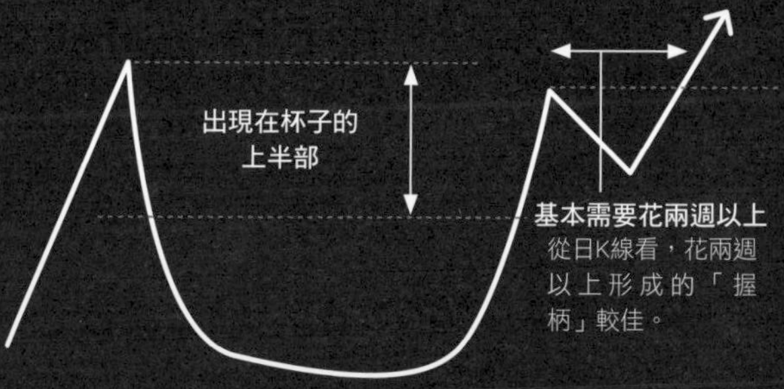
出現在杯子的上半部
基本需要花兩週以上
從日K線看，花兩週以上形成的「握柄」較佳。

假突破

股價持續下跌一段時間後不再崩跌。特別是，如果出現反向價格變動的抱線時，接下來上漲的可能性很高。

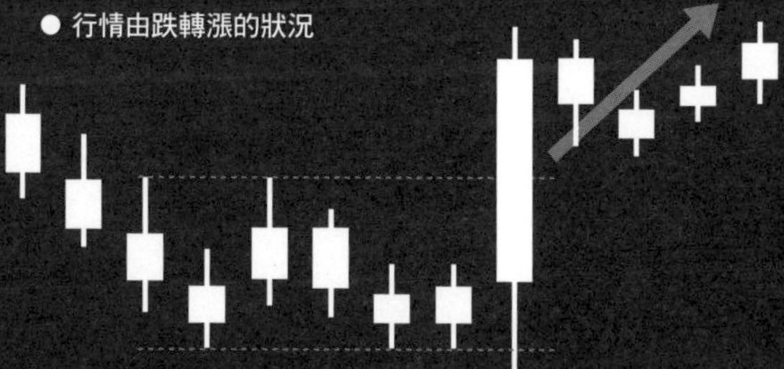
● 行情由跌轉漲的狀況

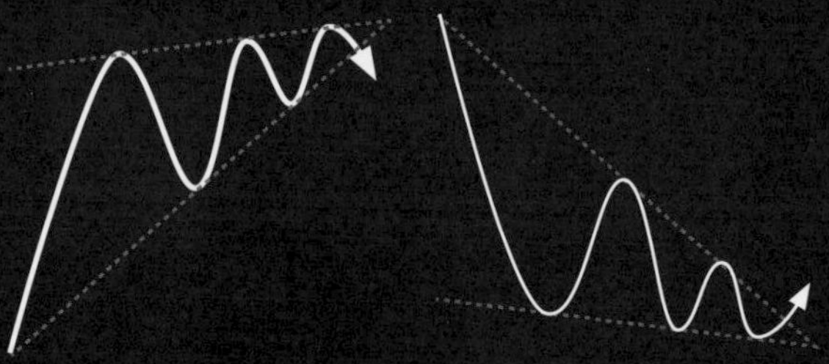

傾斜三角形
(diagonal triangle)

「diagonal」意指斜線，「triangle」意指三角形，故名為「傾斜三角形」。此型態出現在上升趨勢時，行情走勢朝斜右上方走，持續上漲更新最高價。出現在下跌趨勢時，行情走勢朝斜右下方走，持續下跌更新最低價。當傾斜三角形出現在走勢最後，代表市場即將出現大反轉。

線圖引用：Trading View　　線圖案例：2021年上半年度比特幣的價格變動

包含4月14日的最高價在內，比特幣價格創下三次新高後，突然暴跌一落千丈，走勢呈傾斜三角形。重點在於，價格突破低點的同時，也持續突破高點。但是，由於每次突破高點的幅度均不大，價格無法大幅提升，三角形的前端逐漸收斂。4月18日突破傾斜三角形的低價線後，4月下旬至5月10日雖然一度出現反彈上漲，但傾斜上漲已於4月22日結束，自5月12日起進入劇烈的跌勢。

CHAPTER 4

持續買進股票，將來的資產就能大幅增加

買進股票之後，其實不需要太多的操作。
至少先持有那支股票一年吧。
什麼！
股票投資新手應該做的，
就是「長期」持股和從「小錢」開始這兩件事！
咦？投入大筆資金到股票也不行嗎?!
本金愈多的話，投資報酬不是愈高……
急著在短時間內賺到大錢……這樣的慾望愈強，愈有可能在股票虧錢。
嗚……
股價上漲有兩個條件，即使價格很高仍願意買進的投資人、讓股價上漲的時間。

因為市場氣氛或跟風進場的新手根本沒耐心等待。而且股價會在短期內經常波動，
一有個風吹草動就乍喜乍悲，一下子樂觀，一下子悲觀，隨著股價的波動反覆「短進短出」，
如此勞神費心，好不容易才攢到一點小獲利，
跌
看到大跌就慌張脫手，不僅會賠光獲利，還有可能虧本。
「絕對不想賠錢」的想法與「想趕緊賺大錢」的想法不斷來回拉扯，結果就是招來走一步退十步的情況。
一旦演變成這樣，就會後悔自己當初不該碰股票，只想趕快從這樣的痛苦解脫，
最後放棄股票投資。
當你投入的金額愈大，而且集中在某一時期投資，不想虧錢的情緒會愈發地強烈。
所以股票新手應該先決定「賠光也沒有影響」的金額上限，再開始投資。
另外，一旦投入股票的本金，就要一直運用在股票的投資上。
過半投資人在一年內會退出股市，能在這種狀況下堅持五年的人，除了保本，還能額外獲利，順利增加資產。
原來如此。「持續」與「不放棄」才是重點！

長期持股的好處①
市場會隨著金融科技的發展擴大

※金融科技（fintech）…由「金融」（fiance）與「科技」（technology）組合而成的新詞彙。意指活用 IT 技術的創新金融商品或服務。

長期持股的好處②
活用配息來增加資產

此外，每家企業的配息次數與金額雖有不同，期末配一次，
加上年度中間大約兩次，
只要在最後過戶日前兩個營業日的除權息前一日買進，就能享受該股票發的「股息」。
28日 29日 30日
除權息前一日
除權息交易日
最後過戶日
由於獲得股息的權利與股票的持有時間無關，
即使是「短期持有」，只要撐過除權息交易日的前一天，投資人就可以領到股息。
不過，股價會因扣掉配息而下跌，有時甚至會跌更多。
這就叫做「除權息」。
不過，如果你是「長期持股」，即使股價因除權息暫時下跌，由於選股時已經預期股價之後會再度回漲填息，
配息就能順利成為你新增的資產。

舉例來說，你手上持有扣稅後殖利率為5%，價值100萬日圓的股票。
100萬日圓
殖利率5%
三年後光是股息這一項，
股息
＋15萬日圓
就增加15萬日圓。
如果股價進一步還上漲20%的話，
再加20萬日圓，
120萬日圓
＋
15萬日圓
合計起來，你的資產一共增加了35萬日圓。
而且企業在股價上漲時通常都會進行「股票分割」。
最低購買金額降低的話，即使是預算少的人也能買進，就能提高股票的流動性。
太貴買不下去。
1股3000日圓
1股1000日圓
1股1000日圓
1股1000日圓
這個價錢我可以！
我想買！
舉例來說，「2：1分割」的話，持股數量會增為兩倍，股價卻變成一半。
1股2000日圓
1股1000日圓
1股1000日圓
分割是利多的一種，能成為新聞，股價也容易因此再往上漲。
隨著公司的成長，不斷進行股票分割，你的持股數也會跟著增加。
分割後的股價若持續成長，資產自然也會跟著順利增加。

長期持股的好處③
了解股性，
就能推算最佳買賣時機

股票有什麼特性之類的嗎？
有的。
比方說，有的股票「財報表現雖好，只要一公布財報，股價就容易下跌」、
「明明是除權息交易日，股價卻沒有下跌」、「公布財報的前兩週股價容易達到高點」，
其他還有「財報不是在※收盤後公布，而是在午休時間公布」、
「公布每個月的營收之際，股價也會跟著變動」等等。
原來如此。
掌握股票的特性，就能在想加碼時便宜買進，或是在想賣出時，盡量以較高價格賣出。
可以掌握買賣股票的最佳時機。

※收盤後…交易所當天的交易時間結束後。

長期持股的好處④
鍛鍊你的持股力

等新手一窩蜂搶著買，股價飆到極端的高點，老手就會瞄準時機脫手，因而引發暴跌…
當成交價漲到數倍，趁行情大漲時賣掉最安全。
嗚哇啊
啊啊啊
中計
如果不懂這一點，就會被當成韭菜收割。
…原來如此，超可怕的耶…
長期持有買進的股票，經歷無數個財報季，對企業的理解更深入以後，
就不會被周遭的動向影響，可以靠自己做出判斷。
這麼一來，即使股價大跌，也不會慌張拋售。
更不會被流言或潮流所惑。
有助你培養獨立思考的精神。
…原來如此。
這樣的話，買進股票以後真的什麼都不用做嗎？

買進股票後的行動1
養成充實股票知識的習慣

其1：增加觀察對象

還是得確認股價吧？
這個的確有必要，但確認股價一天只要一次，看收盤價就夠了。

一天只要一次就夠了嗎？
有些人一天內會確認股價好幾次，老實說，那是在浪費時間。
我建議馬上戒掉那個習慣，去「日經新聞」、「公司四季報」或「股探」這些值得信賴的網站，確認上面的報導，
然後列出你認為今後前景看好的「觀察對象清單」。
此外，個人投資家中有些人會蒐集連專業網站也沒刊登的資訊，加以分析。簡直是隱藏版高手。
你可以追蹤這些人的部落格或社群平台，向他們學股票的知識。

其2：調查股價變動的要因
除了自己買進的股票之外，當你感興趣的股票股價大幅變動時，
此時就要養成追究造成股價變動的主因，這樣的習慣。
股價變動的原因有很多，
財報表現亮眼但股價卻暴跌，理由可能是投資人在事前早已預測到「財報表現不錯」。
因為已經知道財報表現會很不錯，很多人在財報公布前就已買進股票。結果就是，財報公布後想買進的人數不夠，反而是想賣的人較多，所以才會造成這種現象。
此外，還有業績下修或※第三方定向增資造成的下跌，
或是股票分割、購買自家公司股票、與大型企業的合作或※TOB引起的股價上漲，例子簡直不勝枚舉。
逐一體驗並掌握股價變動的原因吧。
…原來如此！只要理解造成股價變動的要因，就能預測財報公布後的股價變動，或了解該如何應對問題吧！
你說得沒錯！

在交易所外向不特定的多數股東收購股票

※第三方定向增資…不論對方是否為股東，將購買新股的權利賦予特定第三者，讓對方購買新股的增資方法。

其3：正確認識環境
那關注市場氛圍也很重要吧？
沒錯！無法掌握市場氛圍，就像現實生活中，因為不懂看人眼色，結果做出蠢事一樣。
目前疫情雖然還沒結束，只要疫苗無法預防的變種病毒不蔓延，隨著疫苗的接種率提高，愈有可能形成※risk on（不懼風險）的樂觀市場。
樂觀市場！
衝啊衝啊！
當你能預測大局即將轉為樂觀市場，就會知道自己現在應該積極買進股票。
反之，一旦發生「讓民眾無法再信任金融系統的結構性問題」，看衰市場的投資人就會將資金從市場抽走，在※risk off（厭惡風險）的氛圍下，行動就必須謹慎。
厭惡風險（risk off）的時候，因為股價比最高價便宜10%，如果受到※錨定效應的影響貿然買進股票，之後有可能跌至更低的30%、50%。
原因是之前來不及脫手的人只能賣掉股票停損。像這樣反應慢別人一步的人很多。
正因如此，正確認識大環境是相當重要的一件事。
就像掌握股價變動的要因，只要花個五年、十年，一步步累積正確認識環境的能力，
漸漸地，你就能掌握市場目前的氛圍究竟是樂觀還是悲觀。

※risk on（不懼風險）…增加對股票等高風險資產的投資，或市場上有許多這樣的投資人。risk off（厭惡風險）…將資金移至相對安全的資產。

※錨定效應…認知偏誤的一種。一開始得到的數字或資訊，容易影響到後續決

其4：
向歷史學習，
同時建立未來的假設
還有，如果出現股價飆漲
十倍的大型股，
也要調查原因
以及期間有多長等細節。
研究已成功企業的
股價變動歷史，從中學習，
是股票的致勝捷徑。
與此同時，
還要訓練自己
預測未來的能力。
溫室效應、少子高齡化、
遠距工作與宅在家的趨勢、
他國的總統大選，
無論什麼皆可。
推測現在發生的新聞
將對股市帶來
怎樣的影響，
建立你自己的「假設」。
之後再確認
結果是否符合自己
之前做出的
預測。
所謂「投資」，
就是一種
比別人早一步
預測未來的遊戲。
只要持續練習
建立假設，練個一兩百次，
你的投資功力
應該能夠大幅提升。
而且預測根本
花不了什麼成本。

……聽到這裡，我終於深刻了解股票投資有多難……
股票新手一開始就貿然投入大筆資金，簡直愚不可及呢。
你說得沒錯。無論如何，都不能使用※槓桿投資。

買進股票後的行動 2 增加股票的檔數

接下來，我們來聊聊增加股票的檔數吧。
如果是上班族，可以在發紅利獎金的時間點，
追加「即使投資，也不會影響日常生活」的資金到股票。
新股票的選擇方法，就跟之前提過的做法一樣。

※槓桿：借錢投資，比起只用自己的資金投資，這樣的做法可以期待更高的獲利率。可以期待更大的回報，不過，代表風險也會跟著增加，必須相當小心。

先花一週蒐集一百支股票的資訊，再花一週從中鎖定一家公司的股票。
不過，手上持有的股票檔數最好不要一下子增加太多。
先從兩到三檔開始，最多十檔為止，建議你先從「集中投資」開始。
理由在於剛開始投資就持有幾十檔股票，恐怕無法一一兼顧。
錯開買進新股的時期，先從小額開始一點一點買進。
例如，每個月發薪水時，一檔買個一百股（日股最低單位），或是趁領到紅利獎金時，每年只買兩次新股票。
如果找不到適合的新股票，增加已有股票的持股也是一種做法。不過，建議你先以十檔為目標，一檔一檔逐步累積股票的檔數。
不必急著一步到位，逐步增加※投資組合。
堅持長期持股的同時，也將股息再換成股票。
即使股價一時下跌，一開始投資時不要過度在意。耐心持有個五年，你的股票資產大多可以超過之前投入的本金。連你自己也會有所成長。

※投資組合…手上持有的金融商品組合、資產的配置。

買進股票後的行動③
推算賣掉股票的時機

※獲利了結…在股價高於當初買進的價格時賣掉股票，賺得獲利。

…兩倍嗎？
不對。
淨利如果大幅成長，關注那支股票的人也會增加。
一旦登上媒體，或在電視打廣告，想買那支股票的人會愈來愈多，
股票
股價即使漲到四倍、六倍也不足為奇。
要衡量投資人對股票的矚目程度，可以參考※「PER」（本益比）……
簡單來說，「淨利將成長幾倍」與「PER將是幾倍」，只要預測這兩項，
就能算出你預估的目標股價。
淨利成長為三倍，關注也會提高，當你預測PER即將達到原先水準的三倍，此時股價應該會漲為九倍……
9000日圓
9倍
淨利3倍
×
PER3倍
1000日圓
如果當初以1000日圓買進，九倍的9000日圓才是你應該設定的目標價。

※PER…本益比，衡量股價與每股盈餘的比值。

你應該鎖定的股價，又稱「目標股價」。
手上的持股只有一單位（100股）的話，就無法這樣操作，
目標股價
9000日圓
1/3賣掉
7000日圓
1/3賣掉
5000日圓
1/3賣掉
但如果持有好幾張，最好的做法是分批賣出。
原來如此！只要達到目標股價，就可以賣掉是吧！
不是這樣喔。
分批？
等漲到頂點再賣的話，獲利不是更大……
問題在於我們無法得知是否已漲到頂。目標股價說到底也只是預測而已，突然出現利空消息而暴跌的情況也經常發生。
9000日圓
7000日圓
5000日圓
因此，即使還未達到目標股價，先賣掉部分股票，可以降低無法全數※實現獲利所帶來的風險。

※實現獲利…賣掉股票獲利。

那股價有可能反過來漲得比當初的目標還高嗎？
當然有可能。
如果覺得還有不少成長空間，
1/3 持有
9000日圓
7000日圓
1/3 賣掉
5000日圓
最後的1／3可以留著不賣。
不過，即使賣掉後股價漲得比之前還高，「早知道就不要賣……」只顧著後悔當初的決定，根本沒有意義。
你應該先高興自己的確有選股的眼光，接著思考太早賣掉的原因，今後就能派上用場。
還有一點要切記，股票賺到的獲利，千萬不要用來消費！
將長期持股領到的配息或資本利得賺到的獲利，
拿來買新股票，累積更多投資經驗，才是上策。

只要像這樣持續五年、十年，我相信你一定能成為成功人士。
……
咦？
在這裡！總算找到了！
？
你看你看，這個攤子跟照片上一樣！
提示未免也太少了吧～！
？？？

在這裡擺關東煮攤三個禮拜……
終於還是被網友找到了。
咦？
我買了您的書！請幫我簽名。
我也想請您幫忙簽名。
咦？
咦？
老闆……莫非您……
沒錯。我就是與澤翼。
不會吧吧吧?!

持續買進股票，將來的資產就能大幅增加

股票就是「投資愈久，獲利愈多」

將一百萬日圓軍費滾成上億資產絕非癡人說夢，這種事在股票的世界時有所聞。不過，千萬別認為股票只要投資一年就能一步登天。

因為，**股票投資的特性是「持續時間愈長，獲利能力愈強」**。所以，請做好以下覺悟：投資股票的第一年，超過半數的人帳面上都會虧錢。

這麼說並不是在恐嚇，股票就是這麼難，因為這是以實戰經驗一決勝負的世界，尋常的方法絕對無法獲勝。即使你第一年就賺錢，也要提醒自己「這只不過是偶然的僥倖」，一旦驕傲輕敵，你就會停止成長，在不久的將來一定會嘗到苦頭。

尤其自新冠肺炎疫情以來，緊急財政措施的實施引發了超額流動性[1]（Excess Liquidity），頻繁

的市場修正[2]可能會引發行情的瞬間暴跌。另一方面，就理論而言，上漲幅度簡直高得不可思議的「迷因股」（meme stock，在網路社群備受熱烈討論的流行股）也會增加。

自己進場投資時的股價也許不一定划算，但即使覺得目前股價已經漲過了頭，之後仍有可能繼續上漲，請務必將此事放在心上。

因為參與股票投資的人增加，大筆資金流入市場，只靠以往的分析方法，實在無法正確預測未來。

在瞬息萬變的大環境下，即使擁有豐富的投資經驗，也要經常提醒自己別被既定的概念或常識束縛。如果沒有養成「從零思考」的習慣，即使是一時意氣風發的成功人士，也會跟不上時代的腳步。

因此，即使在短期間內賺到錢，也不能執著於過去的成功經驗，必須經常質疑自己的做法是否還適用於現在。一成不變的刻板思考，將給你帶來許多損失，與大好機會失之交臂。

此外，有資料顯示，**投資期間愈長久愈容易賺到錢**（資料來源：投資期間超過二十年，本金虧損的風險就會消失、〈讓長期投資成功的思維模式〉、岡三證券）。之前我也曾看過其他資料指出，這個道理不僅適用於股票投資，也適用於外匯（Forex，簡稱FX）。我想，虛擬貨幣與不動產應該也適用吧。

投資的成敗關鍵在於是否能夠持續。沒錯，持續就是如此困難的一件事。不過，只要堅持下去，就能成為你的優勢。

很多人在開始投資的頭幾年，因為中途遭遇挫折離開市場，殊不知股票的醍醐味必須經歷失敗才能真正體會。面對挫折毫不氣餒、再接再勵的人，將迎來兩個有利狀況。

第一個有利狀況是，全球的家庭金融資產[3]目前仍持續增加。

二〇二一年六月波士頓顧問集團（Boston Consulting Group，簡稱BCG）公布的〈2021全球財富報告〉提到，一九九九年約八十兆美元的全球家庭金融資產，在二〇二〇年成長為超過三倍的兩百五十兆美元。

就算只看日本，家庭金融資產也同樣處於增加趨勢，日本的家庭金融資產在一九九九年是十三兆美元，二〇二〇年成長為十八兆美元。

也就是說，「長期持續金融投資的話，資產增加的蓋然性非常高」。

此外，二〇二一年六月瑞士信貸集團（Credit Suisse Group AG）公布的〈2021金融財富報告〉顯示，儘管新冠肺炎疫情引發了諸多經濟限制措施，在這樣的大環境下，全球的總資產卻不受影響，反而增加了七．四%。不過，能夠蒙受其利的人，只有持有股票或不動產的資本家階層。

近年來，關於「貧富差距擴大」的討論甚囂塵上。超富裕階層的資產的確以非比尋常的漲幅急速增長，大大拉開他們與一般人的差距。與此同時，「大眾富裕階層」也大幅增加，這一點卻很少有人指出。

擁有超過一百萬美元（約一億一千萬日圓）資產的富裕階層，光是二〇二〇年就增加了五百二十萬人，總人數達到了五千六百一十萬人。

五千六百一十萬人是超過韓國總人口（五千一百七十八萬人）的規模，只要試想。韓國全體國民都擁有一億日圓，應該就能理解資產超過一億日圓的人，遠比我們想像得還要多。

更甚者，擁有一萬至十萬美元資產的人口，由二〇〇〇年的五億人成長為二〇二〇年的十七億人。也就是說，資產增加的人不只是名列《富比士》（*Forbes*）的世界級富豪，整個世界其實正在快速變有錢。

我再說一次，**能夠從這樣的總體經濟動態蒙受其利的，只有從事投資的人，其中受惠最大的資產就是股票**。

近來有一支影片在網路上引發話題，那是名為「美股一百二十五年歷史」的影片。

從這支影片可以看到，美股的指數隨著時間流逝不斷上漲，像這樣用數字來掌握金融資產的增加金額，便會明白一件事：由該國最具代表性的股票組成的「日經平均指數」或「標普500指數」（S&P500），即使出現一時的下跌或低迷，也根本無須在意。

投資的特性就是，堅持十年勝過堅持五年、堅持二十年勝過堅持十年，堅持期間愈長獲利就愈大。不過，近一兩年的帳面上出現虧損，也是常有的事。

有一點請大家務必注意，在此我所舉的「股價指數」或「金錢總量」的增長，都是總體經濟學的案例。也就是說，全球經濟的整體規模正在擴大。

但我在本書中以「能促進個人成長」為由推薦的個股投資，雖說有望獲得平均以上的報酬，卻也伴隨著公司事業失敗的個別風險。

由於必須經常關注企業的動向，投資個股的難度遠比平均指數高出許多，這一點千萬要牢記在心。

另外，市場的行情是由八成緩慢且小幅度的漲跌，以及兩成急遽且大幅度的漲跌構成。此處「8：2」的數值，是我為了方便各位理解所簡化的數字，但現實中股價強勢上漲的期間，真的就是如此短暫。

比方說，在你打算稍作休息，先暫停股票投資的這段期間，股價很有可能突然飆漲。

正因如此，**為了迎接少有的樂觀市場，你必須先具備長期持有股票的持股力**。

另一個有利狀況是，五年內你就能累積豐富的市場經驗。

在這段期間，你應該會經歷市場的暴跌。實際體驗市場暴跌時自身的情緒變化，就能從實踐中學習應該如何行動、有哪些事不能做，將這些經驗內化為自己的投資紀律。

可惜的是，很多人還沒累積到這樣的寶貴體驗，就因為賠得比賺得多，就此認定自己「不適合股票」而放棄。

當三百萬日圓的軍費減至一百五十萬日圓，此時你該做的不是驚慌失措，而是找出「為何只剩一百五十萬日圓？」的失敗原因，絞盡腦汁思索「怎麼做才能從頹勢扳回一城？」

唯有此時，人才能真正地成長。正因為前方有障礙，將來才能獲得更大的回報。

剛開始的時候，每個人都會失誤。就連我一開始投資股票時，也曾做出不少錯誤判斷。「因為我聽過那家公司」、「因為最近上新聞」、「因為社長出過書」，只因如此單純的理由就買進股票，之後一定會自嘗苦果。

如今的我依舊會失敗，但我深信這些失敗一定有其價值。

因為，人在順風順水的狀況下，本就容易不思長進。唯有定期嘗到失敗的苦頭，才能持續發奮學習。

窮則變，變則通。真正的股票投資，就從賠本的那一刻開始。

為了不讓自己還沒累積到實力就先討厭股票，剛開始投資時，請以失敗為前提投入小錢，先從累積經驗開始，這才是比較妥當的做法。

買進的股票不要賣掉，長期持股才能學到經驗

一旦買進你認為「就是這個！」的股票，至少要先持有一年。

即使股價下跌，當季財報不甚理想，也別急著馬上賣掉。

即使是股價有望大幅成長的公司，也一定會面臨嚴冬期。像是市場的關注轉向他方，甚至好一陣子無法得到投資人青睞。

不過，有時也會迎來股價不斷上漲的盛夏期。這麼一來，之前一看勢頭不對馬上賣掉的人，就無法享受難得的股價上漲結出的甜美果實。

重點在於，親身感受「公司的四季更迭」。

比起一有狀況就立刻脫手的人，長期持股的投資人可以學到更多。在持有股票的期間，請把這段時間用來加深你對該公司和其所屬業界的理解吧。

至於股價，一天只要確認一次收盤價就夠了。

股票的優點在於「無須勞動就能增加資產」，花太多時間在確認股價這種無意義的勞動上，簡直就是本末倒置。

如果你的投資方針不是追求小幅增值的短線交易，整日盯著股價變動，等於將寶貴的時間丟到水溝裡，是在浪費光陰。

企業每三個月公布一次的當季財報一定要詳讀，確認企業的業績或事業的進展狀況，諸如不定期的業務合作或新產品的發售等投資人關係（IR）事件也要隨時關注。

即時掌握自己投資企業的動態才是投資人應該做的事。比起股價是否下跌，定期確認企業是否發生不容忽視的重大問題更加重要。

而且，**長期持有股票有助你更加了解該股票的特性**。

例如：投資人關係事件頻發的股票、除每季的財報快訊之外，幾乎不公布任何資訊的股票、無法遵守事業計畫，經常下修業績目標的股票、事業計畫偏保守，但期中經常上修業績目標的股票、營收集中在下半年的股票、公開宣布股利發放率（從本期稅後淨利提撥每年配息的比例），並且信守承諾的股票、社長在社群網站的發言備受矚目的股票……

雖說每支股票的特性各不相同，只要長期關注，自然就能看出其傾向。

掌握股票的特性，除了能在絕佳時機買賣股票，還能趁低價買進之前高價賣出的股票，提高資本利得的表現。

在關注企業動向，深入了解企業的過程中，你對該股票的喜愛與信心也會大增。這份深刻的情感將轉化為強烈的信念，成為你長期持股的原動力，即使遇到市場暴跌也不會輕易動搖。

還可以避免因股價些微上漲就獲利了結，導致錯失之後更大上漲獲利的「賤賣」。股價上漲之際，正是考驗個人持股力的時候。

而且，從稅制來考量的話，長期持股也較為有利。

假設你投入一百萬日圓的股票漲到市價兩百萬日圓。此時賣掉股票，獲利就是一百萬日圓。扣掉二〇%的稅，賣掉股票的錢剩下一百八十萬日圓。將這筆錢拿去投資其他股票，股價又漲為兩倍的話，市價就是三百六十萬日圓。

另一方面，當初如果選擇繼續持股，股票後來又漲了兩倍，市價就是四百萬日圓，比賣掉股票改買新股多出四十萬日圓。這樣的金額差距就來自持股力的高低。因此，當你考慮賣掉手上有獲利的股票改買其他股票時，務必要再三慎重評估。

適合賣出股票的時機只有兩個：你判斷「這家公司的業績成長已經到頂」的時候，以及「超買[4]」的時候。

唯有不被股價的波動影響，堅持長期持股，「只在最適合的時機賣掉」，才能讓你獲得最大的投資報酬。

另外，還有一件事想要跟各位分享。

如前所述，長期持有股票不賣，可以延後納稅。如果想有效地運用手上的資產，追求效益的最大化，延遲納稅是非常有利的做法。美國的富豪為了規避納稅，都傾向不賣掉自家公司的股票獲利了結。

與其頻繁地買賣股票，導致資產的市值因為多次繳納稅金而降低，他們更愛將股票留在市場，以期待今後的股價上漲。

從過去二十年的歷史來看，全球的頂級富豪們都是長期持有自家公司的股票，藉此累積出雄厚的財富。由此可知，長期持股可說是累積資產的正確做法。

當頂級富豪需要現金時，他們不會賣掉手上的持股變現，而是以自家公司的股票為擔保向銀行融資。這麼做既可以規避資本利得要繳納的稅，也不會引發市場的賣壓，還能獲得所需的現金。

這些頂級富豪以自家公司的股票作擔保向銀行融資獲得的現金，將進一步擴大經濟規模，再次流通於全世界。

以富裕階層為對象的服務將引發「涓滴效應」（trickle-down effect，富人一旦變得更富有，將促進經濟活動的活化，財富也會下滲流入低所得階層手中，改善貧富懸殊），惠及一般民眾。

世界的財富就是藉由融資（信用經濟），每年持續擴大其規模。

原本沒被使用的錢經由銀行借出，讓有信用的人藉著他們的信用集結龐大的資金。使用槓桿投資雖說有其風險，但信用擴張所引發的一連串連鎖效應，正是現代經濟的真實面貌。

信用擴張，有時會引發諸如次貸危機之類的信用膨脹問題或金融風暴事件，今後依然無法避免發生這樣的問題。

不過，就結果來看，即使發生了雷曼風暴那樣的大事件，股市也只是漲勢暫跌（原本上漲的市場一時下跌）而已，就連二〇二〇年史無前例的新冠肺炎風暴也成了絕佳的買點。

人們雖然因為一時的損失陷入恐慌，全球經濟規模在那之後依舊持續擴大成長。資本主義就是如此強大。倘若發生動搖資本主義根本的大事件，全球經濟應該也會跟著一起破滅吧。

因為害怕這樣的風險不敢投資，乍看之下似乎是合情合理的選擇，可資本主義一旦破滅，即使是不曾從事投資的人，其儲蓄也會遭到波及。

理由在於，法幣本身的價值會因為失去信用而下降。也就是說，無論是否挑戰投資，兩者的結果都一樣。

既然如此，趁早加入這場投資的嘉年華還是比較好，反正遲早都要加入，當然要跟著跳舞狂歡，盡情享受這場盛宴，不然就太虧了。

懂得善用資本市場與信用經濟的人，比起不懂得善用這些的人，前者正在快速地累積資產，將後者遠拋在腦後，雙方已然出現明顯的貧富差距。我們應該正視這個真相，讓自己也成為懂得活用資本市場與信用經濟的一員。

配息產生的資金，用來買進下一檔新股票

長期持股的其他好處，還有股息收入（income gain）。

比起資本利得，配息的金額雖然不大，但**股息等於是企業下的金蛋**。即使你什麼都不做，每年也會有錢從天上掉下來。

舉例來說，股息殖利率五%的公司，即使必須繳納股息二〇%[5]的稅金，每年什麼都不做仍有四%左右的股息進帳。假如你持有一千萬日圓的股票，每年可以領到四十萬日圓的股息。

當然，股價下跌一〇%的話，即使領了股息還是會虧本，配息金額也可能會減少，無法太早斷言，但不賣股票每年也有錢進帳，是相當寶貴的資源。

尤其我的投資方針是「長期持股」，在市況不佳的期間，股息無疑是支撐我度過股市嚴冬的金雞蛋。

如果你投資的企業能擴大獲利，配息也會跟著提高。以股息作為資金買進新的股票，就能播下其他種子。增加股票的張數，先為將來的強勢市場做好準備。

即使配息只有三%，持續累積三%、三%、三%，只靠股息也能增加新的股票。**在腳踏實地逐步增加資產的同時，耐心等待股價漲得比當初的買價還高**。

只要養成分辨企業今後的業績是否能持續成長的眼光，就可以一邊領股息一邊等待股價上漲，資本損益[6]再加上股息收入，就能大幅降低虧本的機率。

平日刻意練習「假設&驗證」，磨練投資的功力

當你忙著追蹤手中股票的企業動態，在這段期間，學習當然也不能懈怠。**比起股價的數字本身，造成股價變動的原因更加重要**。天天關注市場的狀況，一旦出現股價大幅波動的股票，就要找出造成變動的原因，養成這樣的習慣。

例如：企業併購之際，股票在市場外被大量買進的ＴＯＢ（takeover bid，股票公開買賣）、針對特定第三者發行新股的「第三方分配增資」、持股因為分割而增加的「股票分割」等，逐一確認這些事件如何影響股價，親身感受市場的反應。

造成股價變動的原因有：業績上修、與其他企業的資本及業務合作、提高配息、企業高層買進自家股票、提高證券保證金比率的措施、股票交換、權證的發行……其種類之多，在此無法一一詳述。

只要知道這些例子，就能做出正確的判斷，得以避開利空，像是「這家公司的自有資本比率與資產中的現金占比都很高，無有息負債，稀釋每股價值的增資（equity finance，發行股票籌措資金，又稱「股權融資」）可能性也很低。光靠自有資金與融資也能充分地成長。」

追溯如今已成為大型股的企業發展史，能讓你學到更多。

對照企業的歷史與線圖，逐一確認該公司的股價何時出現變動，找出造成變動的原因。如此一來，你就能預測目前規模尚小的企業今後的股價動向，找出最適合買賣股票的時機。

檢證企業的歷史，最大的好處在於提高學習效率。如果你追蹤的是當下公布的資料和其後續的發展，必須花費很長時間等待明確的結果出現。相比之下，若是過去歷史的檢證，一天之內就能學到很多案例。因此，只要肯下工夫去研究過去的歷史，一定可以促進自身的快速成長。

當然，這不代表你無須在意當下的新聞。近期發生的事件最能反映當下市場的特徵，追溯過去歷史的同時，也別忘了關注當下的時事。

預測股價變動，其實就是在預測線圖未來的空白地帶。

為了提高預測的精準度，「假設→實行→驗證」的練習不可或缺，全靠平時的累積。因此，我對於每天發生的新事態，都會盡可能建立假設，當作自己的事那般認真思考，進行刻意練習。

先建立假設，預測「今後可能會這樣發展」，之後再來檢證自己的預測哪裡對、哪裡錯，思索當初為何研判錯誤，平時就進行這樣的思考練習。

反覆練習「假設→實行→驗證」一兩百次的過程中，你的投資功力將愈發地成熟。而且你無須每次花錢投資才能練習，像我大多是假想自己買進該支股票，在腦中進行模擬演練。

如果是腦內模擬，不花成本也可以累積許多練習，一旦養成這樣的思考習慣，就連你在商務上的表現也能有所提升。

其次，**養成認識環境的能力也很重要**。

上漲的多頭市場因為走勢形似公牛攻擊時將牛角往上頂，所以稱為「**牛市**」；下跌的空頭市場因為走勢形似熊在攻擊時將前掌向下拍擊，又稱為「**熊市**」。每天都要確認市場的動向，練習掌握市場的氛圍。

舉例來說，當大多數新聞報導都傾向悲觀時，距離股價觸底就不遠了；反之，股價在樂觀的市場氣氛中穩定上漲，眾人深信投資股票一定會賺錢時，代表股價即將快到頂了。但這樣的預測因為沒有數據佐證，終究不脫感覺主義[7]的範疇。

只是就我個人的經驗而言，從大局判斷股票的買賣時機，感覺值其實是非常有效的方法。確認市場的資訊傾向（偏悲觀或偏樂觀）與資訊量是否平衡，同時思索「目前支配市場的關鍵因素（key factor）為何」。

另外，衡量資訊是否平衡之際，也要注意參考的媒體是否有所偏頗。例如有些媒體的報導本就偏悲觀或保守，每一家媒體都有其報導的傾向或方針。

蒐集資訊時若能參考不同立場的主流媒體報導，將有助你做出正確的判斷。因為與你抱持相反立場的人，往往能看到你容易忽略的要因，多接觸跟自己不一樣的想法，也是一種良性的刺激。

投資最該積極進貨的時機，就是眾人對市場感到悲觀的時候。

當市場瀰漫著極度悲觀的氛圍，彷彿股市即將崩盤，此時就是買進的大好時機。理由在於，即使是優質股也終究不敵市場的大流，遭受波及的優質股此時的股價就會下跌，正是買進的時機。

許多人容易對新科技的神話寄予厚望，相關概念股的股價在這波熱潮中不斷高漲，此時即使覺得仍有上漲空間，急流勇退反而比較安全。

比方說，量子電腦或外太空相關概念股雖說是人氣主題，但企業要靠這些事業真正獲利，往往是很久以後的事。

這些概念股的股價被眾人的期望推高以後，這樣的期望若是沒有相符的事實支撐，等到勁頭一過，股價就會下跌。此時若是因為「股價比之前便宜一些」就買進，股價極有可能在你買進後才真正地暴跌，像這樣的事情也是時有耳聞。

另一方面，即使有愈來愈多的新聞報導警告投資人股市即將泡沫化，股價仍持續上漲的超漲現象（overshoot，市場或有價證券的價格過度漲跌）也很常見。由此可知，解讀市場氣氛實在不是件簡單的事。

任何事本就無法做得盡善盡美。那些等到事後回顧才明白的最佳行動，在問題發生當下幾乎都做不到。所以，不要求「完美」，以「每次都能進步一點點」為目標，是更符合現實、也更容易實行的做法。

只要一直關注市場的氛圍，持續思索自己應該如何應對，投資的功力一定能有所精進。

想知道公司的成長空間，就看本益比

如果你任職的公司每半年發一次紅利獎金，可以將原本打算存下來的二十萬日圓，拿來買進一檔新股票。

每半年買一次，在累積經驗的同時，也能打造自己的投資組合。

不過，一個人可以深入管理的投資組合，十檔左右已是極限。比起增加股票的種類，集中投資的做法更適合新手。

股票的種類愈多，注意力也會跟著渙散，無法深入了解各家公司，導致買賣交易不夠謹慎，

一開始的適應階段建議只鎖定兩到三家公司即可。

買進新股票的時機，原則上是等當季財報出齊之後。

這樣你才不會在買進股票之後，因為企業公布財報導致股價下跌而遭受打擊，就此沮喪灰心。從財報亮眼的股票中選自己要投資的股票，雖說是常見的做法，卻最適合股票新手。

雖說有時會遇到財報表現不錯但股價下跌的狀況，要分辨這類屬性的股票算是較高階的應用篇。而且只要財報良好，即使股價因短期間內的拋售而下跌，之後大多會回漲。

不過，既然股價本就會因為財報表現不佳而下跌，不要考慮太多複雜的因素，直接買財報成績亮眼的公司，期待值還是比較高。

看過企業公布的財報，倘若是連市場也驚豔的亮眼成績，再加上你判斷該企業仍有成長的空間，就可以投資那支股票。

實際上，若是財報成績超乎預期，而且今後尚有成長空間的股票，即使買在財報公布後股價大漲的時間點，股價在一、兩個月後漲得比當初買進時更高也是常有的事（但市況若是不佳，就不一定會漲）。

那麼，何時才是賣掉手上股票的「最佳時機」呢？答案是**股價達到你定下的「目標股價」時**。

決定目標股價之際，必須考量**這家公司的成長空間**。

目前淨利一百億日圓的企業，如果你能提出該企業今後獲利還可以成長到兩百億、三百億日圓的根據，就代表目前還不是賣掉的時機。

想要推算買賣股票的最佳時機，此時你需要的是評估該股票受到市場多少矚目的指標——**本益比（PER）**。

所謂「本益比」（PER），是衡量股價與每股盈餘的比值，其計算公式是「市值（股價×公司發行股數）÷公司淨利」，或是「股價÷每股盈餘（EPS）」。

舉例來說，市值一千億日圓，盈餘一百億日圓的公司，其本益比就是十倍。

這個數字意味著「該公司的價值是十年份的盈餘」、「投資該公司的本金十年就能夠回本」。

當然，公司的盈餘不可能全額作為股息發放給投資人。

就算將全部盈餘作為股息發放，還必須扣掉稅金，以下的假設其實並不符合實務狀況，還請包含見諒。假設有位投資家買下一整家公司，理論上這位投資家可以將公司所有盈餘作為配息發放，因此我們可以大致估算投入的資本需要幾年份的盈餘才能回本（在此不考慮扣稅的問題）。

本益比如果是十倍，當公司盈餘成長為三倍的三百億日圓，其市值理應是三倍的三千億日圓。

但實際的股價並不會只漲三倍而已。因為隨著公司的獲利成長，投資人對這支股票的關注也會提高，本益比的數值自然會更高。

當本益比漲至三十倍時，公司的市值是九千億日圓。本益比從十變成三十就是成長為三倍。盈餘同樣也成長為三倍。也就是說，此時的股價是三乘以三之後的九倍。

股價雖然成長為當初的九倍，可這麼一來，必須花九十年才能回收投入的資本，對股東而言，資本效率下降了。

這代表這支股票正處於「人氣爆棚」的狀態。

現今的股市之所以屢創新高，有部分得益於政府為阻止疫情引發的景氣惡化而實行的大規模財政措施。新冠金融風暴只是一時的短暫現象，如今的市況甚至被稱作「新冠泡沫經濟」。

因此，本益比一百倍的股票在現今根本不足為奇，若是淨利低但市場關注度極高的公司，本益比甚至有可能高達一千倍。

這樣的現象代表有許多投資人一窩蜂地關注這支股票。只不過市場易熱也易冷。投資人一旦判斷該股票無法達到他們的期待，就會爭先恐後搶著賣掉手上的持股。所以，**本益比過高的公司必須先列為「觀察對象」，當下別急著買進**。

即便當下的股價走勢看似不斷高漲，也不可能一直有人前仆後繼搶著買進。尤其是短期間內大漲的股票，愈是容易因為一點小利空就暴跌。

而且，暴跌後的股價重新復活、再次創新高的奇蹟大多不會出現，即使真有奇蹟，往往需要長達數年的時間才有可能出現。

「自己關注的股票在市場上的評價如何？」、「目前的股價到底是划算還是太貴？」唯有持續冷靜分析這些問題，才能找出股票買賣的最佳時機。這無疑是一門相當考驗投資人眼光的技術。

計算「目標股價」，根據假設買賣股票

決定目標股價時，首先要思考獲利的成長空間。

理由在於，「股票投資」的本質就是解讀企業價值的成長空間。企業價值原則上會隨著業績（營收或獲利）的表現而變動，過去的業績再好也不會增加企業的價值。今後的營收或獲利是否還會成長，才是評估的重點。

在此有一點要提醒各位，企業的價值經常會因為業績以外的其他原因，給人一種短期間內成長的錯覺，例如：股票與備受矚目的熱門主題有關、企業的中期經營計畫得到市場肯定、資本政

策的變更或社長更替等改變得到投資人支持，或是讓人聯想到與大型企業合作的可能性……

不過，胡亂追求業績以外的要因，容易給自己招來混亂。只有牢記以下原則，才不會走錯路。

股份有限公司的本質是追求利潤。也就是說，**「這家公司是否能擴大盈餘」才是最重要的**。只要掌握這個原則進行長期投資，結果一定不會差。

舉例來說，即使該公司看起來很有魅力，倘若一直將錢花在無法成為「前期投資」的事項導致連年虧損，或是無法遵守經營計畫，就應該將這樣的公司從投資候選名單劃掉。就算從事的是不起眼的產業、或是社長沉默寡言沒什麼個人魅力，只要有能力持續擴大獲利，這樣的企業就能成為股市的王者。

因此，**投資人應該把心力放在預測該公司的獲利可以成長到何種程度，推算市場對這家公司的矚目指數本益比**。這家公司接下來將受到多少關注、與業界平均水平或同業的其他公司相比，目前的表現如何，這些要素也要一併考量在內。如果該公司是市場的先驅，或是在業界具備了與眾不同的特色，本益比的上限也會提高。

如果預測該企業的獲利將成長為三倍，本益比也是目前的三倍，目標股價就應該定為九倍，也就是說，目前股價若是一千日圓，就應該以九千日圓為目標。接下來就是在股價趨近目標股價的過程中，分批賣掉手上的持股。

舉例來說，股價漲到五千日圓時先賣三分之一、七千日圓時再賣三分之一、等達到九千日圓再賣掉剩下的三分之一。這麼做可以降低股價萬一無法達到目標股價的不確定風險，同時穩定地累積獲利。

即使股價之後漲得比當初的目標股價還高，也不應該追高。賣掉股票後又以高於當初賣價的價格重新買進，並非安全的做法。

正如「賺八分飽就夠了，要留一點給別人賺」這句股市格言，太過貪心想要「用最高價賣出」、「多賺一點」，反而會導致高價承接的人減少，引發供需逆轉，一下子湧進大量賣單，造成股價瞬間大跌。看到自己賣出後仍持續上漲的股票，與其懊悔自己太早賣，不如慶幸「自己的投資眼光果然是對的」，然後將注意力放在接下來要投資的股票。

因為，今後賺錢的機會多得是。

如果想減輕太早賣掉股票所引發的後悔，最後三分之一的持股留著不賣也是一種做法。或是只持有十分之一，甚至最低單位也行。

因為忘記自己手上還有那支股票，所以一直持有，沒想到股價竟從九千日圓的目標價格一路漲到三萬日圓，像這樣的案例也是時有耳聞，甚至還有漲了一百倍的股票。

想當然耳，走到這一步需要運氣加上以十年為單位的時間，「買了就忘」也許才是最好的做法吧。股票的優點在於，即使虧損，損失最多也不會超過本金。

順帶一提，我也曾在社群媒體看過幾個抓到百倍股的幸運兒，這些人的共同點在於——手上長期持有的股票都只有最低單位。

我想，以心理負擔較小的金額持有股票，才讓他們可以成功長期持股吧。只花十萬日圓買進，十年後如果漲一百倍就是一千萬日圓，這也算是一種投資做法。

話說，前面提過買進股票時要先定下自己的目標股價，但目標數字必須根據業績表現適時修正。

例如，實際投資之後才從其他全新觀點發現：該公司的優點遠超過之前的預測。

這麼一來，當初定下的目標股價九千日圓就要上修為三萬日圓，反之，也有可能買進股票後才發現該公司其實有重大問題，不得不下修目標，倘若覺得情況真的很不妙，當機立斷馬上賣出也在所不惜。

另外，如果發現更好的機會，也是撤退的時機。

此時，即使現在手上的股票不差，也應該果斷地賣掉，將回收的資金用在新的機會。雖說有些可惜，但資金有限，想要更有效率地增加資產，有時必須忍痛拋掉對手上股票的喜愛和執著。

不過，就像「鄰居的草坪看起來總是比自家的綠」這句諺語，被新上市的IPO（initial public offering，首次公開發行）股票或社群媒體上引爆話題的股票吸引，只因為如此膚淺的理由就換成其他股票，結果往往不會太好。

因為舊股票往往會在你賣出時就大漲，而新股票又會在你買進時就大跌。想要避免這樣的悲劇，就不能因為一時的衝動或焦慮輕易換掉股票，多花一點時間仔細比較評估，當你可以毫不猶豫地斷言新股票更有潛力，此時才能破例賣掉舊股改買新股。

分散資產，開拓更寬廣的未來

開始投資股票以後，等到稍有餘裕，也可以試著投資外匯或虛擬貨幣等金融商品。分散投資既能減輕資產運用的風險，學習其他金融商品的運用思維，並和股票加以比較，有助你更深入理解股票的原理、魅力及優勢。

我在股票之後也開始了外匯與虛擬貨幣的投資，目前依然持續中，理由是為了加深自己股票投資的功力。

外匯是以K線為主的線圖更深入的解讀，虛擬貨幣則是以DeFi（decentralized finance＝去中心化金融）為主，從全新的世界觀來學習金融與經濟。

此外，像是投資道瓊工業指數或日經平均指數，或是嘗試美元／日幣外匯、比特幣（Bitcoin）等主流金融商品的短線交易，也有助自己掌握股票投資必需的最佳買賣時機。

這數種投資乍看之下毫無關係，其實包含不動產及債券在內，徹底學習其他領域的投資，能讓你更深入了解資產運用的王道——股票。這道理就像攻陷主城之前必須先填平外圍的護城河一樣。

而且，**股票與虛擬貨幣其實有許多相似之處，我非常贊成擁有股票投資知識的人參與虛擬貨幣的投資**。

說到虛擬貨幣，不少投資新手或從未學過金融、經濟基礎知識的人只因為「現在很流行、感覺有賺頭」這樣的理由，在市場氛圍的煽動下貿然投資。跟股票相比，虛擬貨幣的動物本能[8]（animal spirits）更加強烈，價格的波動也更極端。不同於週末、假日及夜間不交易的股市，其特徵是一天二十四小時、三百六十五天全年無休運作。

虛擬貨幣的常態，就是頻繁且劇烈的價格漲跌。

網路的普及讓全世界時時刻刻都能連結，看到不錯的事實數據（fact data），才考慮一個晚上，不到隔天早上就已經被地球另一端的人買走，就此錯失良機。正因為這個世界的速度是如此地快，能讓自己快速做決定的事前準備，以及立刻採取行動的執行力就顯得非常重要。

理解供需、金融與投資原理的股票投資老手，從長遠來看，應該比沒有股票投資經驗的人更具優勢才對。因為我認為今後的虛擬貨幣投資將愈來愈重視基本面（fundamentals，影響經濟活動的所有基本因素、具體內容）。

事實上，自二〇二〇年以來，以基本面為根據的交易傾向愈發明顯。相較之下，二〇一七年的比特幣泡沫期，市場在狂熱氛圍的籠罩下簡直完全喪失理性。如今回顧當時，真讓人有種恍如隔世的感覺。

今後的虛擬貨幣不再只是單純的博弈市場，而是逐漸轉為更合理的市場。由於具備邏輯思維的人可以推算出期望值，接下來應該會有更多股票投資人參與虛擬貨幣的市場。

當然，目前的虛擬貨幣市場仍有「人氣投票」的一面，許多狀況都無法用理論來說明，相較於股票，其不確定性非常大。甚至會發生價格在一天內暴漲暴跌結果不賺不賠的狀況，或是在股票世界不可能發生的駭客入侵或Ｇｏｘ盜領事件[9]。正因為風險極高，所以虛擬貨幣的報酬率也極高，這一點是不爭的事實。

比起股票，虛擬貨幣更容易在短期間內產生億萬富翁。

我是在股票、外匯之後，才開始投資虛擬貨幣。即使之前我曾對其抱持懷疑，甚至拍過影片批判比特幣，多虧我後來馬上轉念，才得以迅速增加資產。如今，每天學習有關虛擬貨幣的知識，已成為我投資人生中不可或缺的一部分。

不過，最後還是要再次提醒大家，**股票是所有投資的基礎**。股票既是現代資本主義的王道，更是基礎。股票並非潮流，而是人類最普遍的基本概念。

人們在各自可以負責的範圍內出資，眾人籌措一大筆資本，用這筆資金發展出大型事業。股票正是這樣的發明。

正因為股票是人類發展的起點，各位應該對股票更有信心，積極學習相關的知識。

順帶一提，虛擬貨幣也算是一種全新型態的金融商品，而且是由網路催生的。

由於股票和虛擬貨幣同為金融商品，相信在不久的將來，兩者彼此靠近、相互合作的時代一定會到來。這麼一來，股票投資想必會變得更加有趣吧。

1 也稱「信用過剩」，是指過多的貨幣投放量，這些多餘的資金需要尋找投資出路，於是就有了投資過熱現象及通貨膨脹的危險。

2 當股票指數由近期的高位下跌一〇%至二〇%，人們一般會稱此時股市進入「修正」階段。因為從歷史來看，股價在這樣的下跌後，會調整回到其長期走勢。

3 家庭金融資產包含現金、儲蓄存款、債券、基金、股票、保險等，在家庭總資產中占有重要地位。

4 資產的價格升至基本面因素無法支持的水平，通常發生在價格短時間內急漲之後。「超買」意味著價格很容易出現向下修正。

5 編按：日本政府自二〇二四年起，永久取消日本個人儲蓄帳戶（NISA）的股利稅及資本利得稅，希望引導日本投資人將儲蓄投入股市與基金。

6 風險資本投資（包括買賣證券）或出售資本財產所實現的利潤，或是蒙受的損失。

7 知識論上的一種學說，主張「感覺」和「知覺」是認知最基本且最重要的形式，肯定感覺的絕對可靠性。

8 影響並引導人類經濟行為的本能、習慣與感情等非理性因素，此經濟學術語最早由著名英國經濟學家凱因斯（John Maynard Keynes）提出。

9 日本比特幣交易所「Mt.Gox」於二〇一四年二月發生鉅額比特幣丟失事件，就連該公司保管的客戶存款帳戶餘額也少了二十八億日圓。由於比特幣與存款的丟失，Mt.Gox 的負債激增，最後破產倒閉。

CHAPTER 5

資產增加的速度，取決於部落格或社群媒體戰略

我就是與澤翼。
我的天啊!!!
找到了~與澤先生的關東煮攤!
!
啊!不過,已經有人比我們還早發現呢!
今天是最後一天,沒想到來的人竟比我預測的還要多呢。
這到底是怎麼一回事?
請您幫我簽名!
這是怎麼了?
哇啊
哇啊
哇啊
再這樣下去,怕不好收拾。
啪擦
咻
咻
咻
嚕
嚕
嚕

啪噠
啪噠
沙沙
沙沙
沙沙
!—
這次又是怎樣啦!?
後續就拜託你們了。
好的，請您放心。
好啦——請各位全都排成一排喔！
誒
好了，我們先走吧。
咦？
我必須搭乘明天一大早的班機，回到家人所在的杜拜。

我最後還有一件事想要傳授你。
燈火通明
是真的…
不死鳥・大復活!!
7.18 上市
仔細一看，真的一樣…
不好意思。我總覺得很難開口，就沒說了。
…話說回來，您為何擺關東煮攤？

我現在跟家人一起住在杜拜，
我4歲的兒子不知從哪聽來的，突然說他想要吃關東煮。
我兒子生於杜拜，在泰國跟杜拜長大，
所以從來沒吃過關東煮，
我雖有心要做給他吃，但人在國外實在很難找齊食材……
所以我乾脆回一趟日本搜羅好的材料，
順便用這三週，盡全力學習如何煮出最棒的關東煮。
…就、就算這樣，也用不著出來擺攤啊，在家練習不就好了！
不，以賣給人為前提的話，認真的程度將截然不同。
就只為了讓您的兒子，吃到美味的關東煮？
沒錯。我這麼做並不是為了賺錢。

嗯——
有錢人想得果然跟我們不一樣……
其實，除了專研「關東煮」之外，我還同時進行了「某件事」。
？
…某件事？
我要在東京某處擺關東煮攤，擺攤期間只有三週。
15：23
推特 推文和回覆 媒體 喜歡
與澤翼（TSUBASA YOZA…）
從明天起，我會在東京某處擺關東煮攤，只有三週喔。
115 1.2萬 2.6萬
我在社群平台宣布這件事。
？
不公布擺攤的地點嗎？
沒錯。
我覺得在社群平台公布這件事，應該可以成為話題。
我的預測果然應驗了。

一連幾天，都是粉絲在找我攤子的推文，
與澤翼的關東煮！真想吃吃看！！
大哥
我搶到頭香！！
眞子醬
與澤桑 您到底在哪？！
新聞網站的報導也介紹了這件事，
光是這三週，我的粉絲增加人數竟多達五位數。
國內 8/14(月)16：20
【話題新聞】與澤翼 擺關東煮攤 ?!
昨天他在自己的推特上公布，要在東京擺關東煮的攤子。
……原來是這樣啊……
同時，這個活動搭到新書上市的時間，
還沒上市就緊急再刷。
與澤流超快速爆好吃的關東煮作法
與澤翼
迅速引發迴響！
！
你發現了嗎？
您在鑽研關東煮的同時，
也製造話題增加粉絲人數，還能宣傳新書，莫非這就是所謂的「一石三鳥」？
你答對了！

展開任何新行動時，必須先考慮到「一石二鳥」，
可以的話，最好能有三、四個以上的回報。
這就是我的原則。
你也要這樣。開始投資股票後，要思考如何才能「一舉數得」。
因為開始投資股票，資產增加、還能鍛鍊思考力、人生也變得更有趣。
光是這樣就有三個。
如果你能在部落格或社群媒體分享第一手資訊的話，這麼一來，就有望得到更大的回報。
分享資訊嗎？
沒錯。其中我最推的平台就是部落格。

寫部落格可以獲得的回報①
藉由發表文章，
鍛鍊邏輯思考

嗯——「大家好，我是股票新手洋介。」
咖噠 咖噠
該從哪開始寫才好⋯
在部落格分享的內容，
以下三項是基本。
進場
買進股票的時候，寫下股票和理由；
出場
賣出股票的時候，寫下股票和理由；
投資組合
自己手上持有的股票及數量，還有過程中的感想。

…對了！
就來寫我買的第一支股票「微笑超商」吧！
不對，且慢！是不是要先寫我為何開始投資股票……
不，還是這個。
總算寫完了。
明明不是什麼了不起內容，卻花了我不少時間呢……
不過，真的就像
老闆……與澤先生說得那樣呢。
用自己腦袋思考的事，不能只留在腦袋裡，
唯有將想法寫成文字，才能條理清晰地整理好思路。
只寫在筆記本裡不行嗎？
新手寫的部落格，沒人會看吧。

這麼做跟實際上是否有讀者沒有關係。

「也許有人會讀我的文章」這樣的心態才是最重要的。

就跟之前提過，我實際擺關東煮攤子的理由一樣。

有客人會上門的攤子比起在自家一個人練習，緊張感完全不同。

做任何事只要有人看著你，成長就會加速。

「接下來要買的股票」投稿日：20

咖噠咖噠

公司發紅利獎金了！
差不多該找下一支股票
這家公司的食品急速冷凍技術
之前雖然

打鐵就要趁熱！

咖噠 咖噠

只要採取行動，就在當天寫成文章保存下來。

隨著時間經過，原本的想法會愈來愈模糊。

把當下的所思所想如實寫下來，不用虛張聲勢，也無須耍帥。

因為，即使是失敗也該寫成文章記錄下來。

排行榜
到底是哪裡弄錯了？當初的預測為何會失準呢？
思考並反省箇中原因。
原因出在買進時機錯了！
咖噠咖噠
咖噠咖噠
這麼一來，就能讓自己不重複犯錯，投資的成績也會愈來愈好。
沒有採取任何行動的時候，
尋找接下來要買的股
咖噠咖噠
也要經常報告自己感興趣企業的調查結果，
「無人機
咖噠咖噠
一旦出現可能大幅影響市場的新聞，要自行預測股價的動向，
咖噠咖噠
以每週至少一篇的頻率發表文章。
三個月了。堅持下去的話，漸漸就會覺得不那麼辛苦。
嗚喔喔喔！
第一位讀者！
！
累積人氣
1
恭喜恭喜！
真是厲害！

多多野課長！
沒想到你會當上課長。
啪啪啪啪
之前你看起來弱弱的，做事也不起勁……
但最近你的業績一直都是冠軍呢！
開始寫部落格一年了……
沒想到從股票學到的知識、心理素質、分析力、假設思考，能這樣活用在工作。
行榜 熱門文章
我從股票學到的工作術
之前從未想過自己竟然有機會
晉身為課長。
本日人氣
305
每日平均人氣
421
咖噠咖噠
話說回來，最近我好像寫了不少關於數位化轉型的大型股和IPO股的文章……
這次就來試著比較一下這兩個吧。

首頁
排行榜
熱門文章
投稿日2021/11/
「最近的IPO股與大型數位化轉型相關股」
感覺最近我寫了不少有關「數位化轉型」(DX)與「公開發行」(IPO)
的文章。
開始寫部落格三年了……
文章的分類也增加了不少。
分類
大型股(30)
新興股(28)
狂飆股(15)
狂跌股(18)
隨著文章的分類不斷增加，我覺得自己似乎能夠從更高處俯瞰股票的世界。
自從開始學習股票之外的其他投資，
虛擬貨幣
外匯(26)
可以發現各種金融商品之間彼此的連結與關聯性。
這一點就跟當初與澤先生說得一樣！
不同於隨機發訊且主題容易分散的推特，部落格的優點在於
可以應用※邏輯樹，進行文章的分類管理。

※邏輯樹……正如自樹幹延伸長出的枝椏，是將每個要素逐步分解，延伸思考的思維模式。遵守全無遺漏、彼此不重疊的「MECE分析法」（邏輯思維的基本思考框架），由上層概念往下衍生下層概念。

比方說，某一類的文章投稿數增加的話，就能看到市場潮流的脈動，
或是發現某個分類與其他分類，彼此之間其實互相連動或是有關。
建設相關股（6）
食品相關股（12）
便利商店股（42）
醫療相關股
日本（45）
中國（12）
美國（24）
虛擬貨幣（18）
從這些分類來審視市場，比較容易發現別人還沒發現、專屬你一個人的投資靈感。
……
本日人氣
2084
每日平均人氣
1742
每天的觀看人次已經超過一千人……
差不多該行動了。
每天的觀看人次如果超過一千人的話，
就在部落格刊登廣告，以賺取收益為目標。

寫部落格可以獲得的回報②
用部落格賺錢，增加投資的軍費

現在可以使用「聯盟行銷」或Google的「AdSense」等計畫，
在自己的部落格不花成本刊登其他公司的廣告。
咖噠 咖噠
首先，先在「AdSense」申請帳號。
喂！你聽說了嗎？多多野！
我們公司感覺似乎不太樂觀耶！
聽說公司提高退職金額，招募自願提早退職者耶！
慘了啦啦啦！我還有大筆的房貸沒繳完耶！
這樣我該怎麼辦啊啊！
只要活著真的就會遇到許多事……
……不過，對我而言，可能是個大好機會。

今後是人人都能成為主角的「個人時代」。
燈火通明
因為網路的普及，
比起國家或企業這些看不出人格的大型組織，帶有情感的個人言論或行動，影響力將愈來愈大。
今後，這樣的潮流應該會加速，
懂得主動說出自己想法的個人，今後將成為主導經濟的重要角色。
因此，將自己推到公眾面前是合理的做法。
若能使用本名發言，就獲得更多信賴，這樣再好不過。
這是一場無法逃避的戰爭，抱著這樣的覺悟培養自己的名氣吧！
吞口水
我非常期待看到你這個「品牌」今後將如何成長。

我靠股票賺到一億！多多野洋助的股票投資部落格
本日人氣
10882
「五年之後」
咖噠咖噠
咖噠咖噠
五年過去了，雖然還無法達到與澤翼先生那樣，
總算不用上班，也可以養活自己了。
不僅能享受自由的時間……還能一次付現買下可以看到海景的獨棟房子。
如果那時我沒有開始投資股票……
如果那時，我沒有認真思考十年後的未來——
咖噠
咖噠
來，你的咖啡。
謝謝你。
咚

我說啊，美幸。
謝謝你當初願意嫁給我。
嗯——
其實，當初你說希望我允許你動用全部結婚基金時，
我曾想過要跟你分手，
洋助
洋助
美幸！求求你！讓我動用結婚基金吧！請你相信我！
因為你說自己開始寫部落格，希望我看看，我就去看了。
然後，我可以感覺到洋助你是認真的……
多多野洋助的股票投資部落格
當時我想，如果是現在的洋助，婚後我們應該可以攜手一起度過各種考驗才對。
另一個原因是，你說「我的老師是與澤翼，絕對沒問題！」時，雖然我不相信……
後來看到杜拜傳來的照片，才知道原來是真的。
我也想跟洋助你一起以八十億資產為目標，挑戰股票投資！
那麼，我們先一起描繪未來的生活吧。
十年後的美好未來

資產增加的速度，取決於部落格或社群媒體戰略

部落格有助鍛鍊邏輯思考，提高股票投資的精準度

離開日本，獨自一人活動的我，**自始至終最重視的是網路空間的活用**。我的事業以投資和資訊分享為主，兩者的舞台都在網路上。

如果想要增加資產，讓人生更繽紛多彩，建議你可以配合股票投資，馬上開始資訊分享。千萬不要覺得新手的資訊分享沒有價值，這個行動其實蘊含了許多意義在內，本章將為你一一詳細說明。

剛開始投資股票的人，建議你使用無須露臉也不用特別器材的部落格。由於部落格的文章沒

有字數限制，你可以先在部落格公開自己關注或投資的股票，並寫下自己之所以關注或投資該股票的理由。

這麼做最大的目的，就是鍛練在股市存活所需的邏輯思考。經常聽到「邏輯思考」這個詞彙，其定義往往因人而異。我所認定的「邏輯」，基本定義如下。

提出自己的主張，並說明該主張的根據。

舉例來說，我主張「應該開始投資股票」。這麼一來，各位自然會問：「為什麼？」針對這個疑問的回答就是我的根據。以前面問題為例，我的回答是：「一旦開始投資股票，你就會對學習產生興趣，一旦樂在學習，人生將變得愈來愈有趣。人生只有一次，當然要盡情享受！」這就是我推薦大家投資股票的根據。

你的根據愈扎實，說服力就愈強。我認為「『主張與根據必須一併說明』是邏輯思考的基本原則」。

倘若缺乏有力的根據，只是反覆強調主張，恐怕會令聽者心生疑惑，無法理解你的主張並對其產生共鳴。

「我要這麼做」、「我想那麼做」、「你來做這個」、「你去做那個」，只會像孩童這般直白說話，根本無法打動任何人。而且，倘若連你也無法認同自己的行動，恐怕沒有那個心力去實行。

因此，在陳述自己的主張之際，一定要加上根據，才能說服眾人、打動人心，甚至是驅策自己。比起主張是否別出心裁，根據是否穩固更加重要。只要提高根據的品質，自然也能提升你的說服力。唯有為主張加上根據，之後你才能檢視自己當初的判斷是否正確。

不過，想為主張加上高品質的根據，需要諸多知識與經驗的累積。

有能力提出根據，代表你具備了自己的觀點。比方說，「我買了A公司的股票，理由在於他們新打造的行銷程序完全立基於行為經濟學，而我深知其威力不容小覷。我認為A公司今後的業績應該會快速成長。」在這段話中，「理由在於」之後提出的根據「行為經濟學的威力不容小覷」，就是我的觀點。假使我過去不曾學過相關知識，或是不具備相關經驗，自然不會有這樣的觀點。

由此可知，**邏輯思考的基礎在於成套的主張與根據**。說到邏輯思考的應用，最簡單易懂的例子就是各種思考框架，例如：邏輯樹、金字塔結構、MECE（me see）分析法、零基準（zero base）思考、演繹法、歸納法、論點思考、假設思考、創造性思維（creative thinking）、抽象化思考、水平思考（lateral thinking）、脈絡思考（context thinking）、類比（analogy）法……關於這些思考框架，我的YouTube會員頻道中有詳細的解說，有興趣的人可以加入會員觀看。

剛開始經營部落格時，也許沒什麼讀者前來造訪，即使如此，**以「有人閱讀」為前提所發表的文章，跟只寫給自己看的筆記相比，文章的品質將截然不同**。

因為文章有可能收到來自讀者的評價，寫文章的人或多或少都會在意讀者的看法。倘若有人稱讚自己寫的文章有趣，任誰都會覺得開心吧。反之，若是有人指出自己的文章內容有誤，也會及時訂正或改善吧。

一想到「自己的文章可能有人閱讀」，不僅可以提高緊張感，也會形成一股壓力。乍看之下負面的負荷，其實有助鍛鍊你的邏輯思維。為了讓讀者理解自己的意見，不至於心生疑問，你必須閱讀許多資料並進行事前的分析。

想要正確地掌握數據或事實，就必須付出相應的努力。**在反覆執行此作業的過程中所鍛鍊的邏輯思考、調查力或分析力，都是提升股票預測準確度所需的必備能力**。

我在就讀大學時曾以自身的創業為題架設了部落格，在上頭分享自己的想法及公司的活動。如今重心已轉移至以影片傳達想法的 YouTube，經營以付費會員為對象、不對外公開的「YouTube 頻道會員」（YouTube Membership）。不過，即使活動以 YouTube 為主，我也並未從此不再發表文章，近來我重啟部落格，與頻道會員的文章發表功能併用，持續將自身的戰略思考或想法整理成文章對外發表。

在部落格或YouTube持續發表文章或影片，等於是接受來自他人的審視。就像時尚模特兒會「因為大眾的注視而變得更美」，持續寫部落格可以成為驅動自己不斷學習的動力。

不過，剛開始無須把自己逼得太緊，就像偶爾公開日記內容那般，以輕鬆的心情投稿，比較能夠持續下去。

大部分的人開了部落格之後往往會半途而廢。理由在於，缺乏可以寫的題材。

反觀那些能夠持續分享資訊的人，則是因為想寫的東西太多而煩惱。這些擅長資訊分享的高手之所以不缺題材，理由在於他們包含思考時間在內的資訊輸入量，遠遠超出常人許多。

以我自身為例，假如一天內可以自由運用的時間有十個小時，閱讀資料花六個小時，思索那些資料花三個小時，實際寫成文章或拍成影片的產出時間只有一個小時，除了產出，盡可能將所有時間都用來吸收資訊。平日像這樣大量吸收資訊，自然不愁沒有題材可寫，要煩惱的反而是想寫的東西太多但產出的時間不夠。

因此，**首要之務是讓自己處於經常有東西想寫的狀態**。

發文的頻率一週一次即可，請改善零碎時間的使用方式，讓自己能馬上提高資訊輸入的量。「因為我有東西想寫」才是資訊分享的本質，同時也是長久經營部落格的祕訣。

不過，這一切的基本前提是——**你能否對這世上發生的事情持續抱持關心**。最根本的求知欲如果不高，吸收資訊就會成為一種義務，甚至是痛苦。平時就對諸多事物抱持興趣，任何領域都想多加了解，這樣的強烈求知欲絕對不可或缺。

股友的存在，有助提升你的投資功力

只要腳踏實地持續發表文章，五個、十個……讀者就會開始慢慢增加。

你的主要讀者應該以股票投資新手居多。新手比起高段位的老手，由於資金與經驗值有限，著眼處和世界觀也大不相同，同為股票投資一年級的新手，因為彼此的煩惱相同，比較容易獲得共鳴。

只要持續分享「我買了這支股票」、「得到這樣的結果」之類的文章，一定會有同好附和：「我也買了這支股票！」吸引愈來愈多投資同一支股票的股友。

股友間的資訊交流不但有助加深知識，就連回覆讀者的批評意見，反覆闡述自身想法的過程中，也能訓練你的邏輯思考。有時他人的批評還能讓你看到自身沒注意到的重要問題點。

另外，公開自己的失敗經驗，可以吸引更多人前來看你的部落格。正如「別人的不幸是最甜美的蜜」這句俗語，人們往往會被他人的失敗經驗吸引。

投資雖然失敗，讀者卻增加了，這也算「吃虧就是占便宜」吧。而且，如果有人留言感謝你的分享，也能進一步提高你的動力，為造福更多的讀者而努力。

在網路建立社群，最大的好處在於，**可以結交許多擁有相同目標與價值觀的朋友**。像我當初就是透過 mixi[1] 的社群功能，結識不少同樣創業開服飾公司的夥伴。

活用網路空間持續分享資訊，能為你的人生帶來更多可能性，增加商務或私人生活中的真實邂逅。

想要開拓這樣的可能性，必須先從自己主動分享資訊開始。

公開你的投資履歷和投資組合

投資部落格**應該分享的內容，主要是進場、出場、投資組合這三項**。

「我買進這支股票」、「在這個時間點賣出」、「我目前的投資組合是這樣」，請在部落格公布每一次的交易和投資調整。

每當你實際採取行活動，或是想到要寫的題材時，**一定要遵守「當天盡快上傳文章」的規則**。請將資訊視為有保存期限、必須馬上處理的生鮮食材。

不趁興致最高的時候寫下，產出的品質就會下降。時間過得愈久，要將心得寫下的動力就愈弱，當初那股高昂的情緒與臨場感也會逐漸稀薄，即使最後寫了，文章大多會缺乏原本應有的氣勢。有時甚至會忘記原本想寫的內容。

所以說，打鐵一定要趁熱。

進場之際要寫的重點是，買進該股票的理由。具體來說，就是你認為該企業的價值今後會成長的理由。

而且，不能只憑一時的感覺，而是要以寫報告般的分量及熱情，逐一列出自己判斷「該企業的價值即將成長」的根據。

如前所述，這些理由正是你對投資的觀點。就像創業必須先有賺錢的點子一樣。當有人問你為何要做這件事的時候，你必須有能力向對方清楚說明自己做這件事的理由。

比起買進的理由，更重要的是賣出時的結果分析。**相較於獲利的分析，停損的分析更加重要**。這麼做都是為了防止你因為一、兩次的重大失敗而灰心喪志，就此退出投資不再挑戰。

股票賺錢的機會多得是，比起在短期內大賺一大筆，長久存活下去更重要。如此你才能賺到最多錢。比起分析成功的經驗，在每次失敗時深切反省，思考今後該怎麼做才能避免重蹈覆轍，花時間養成分析失敗的習慣，才是你最該做的事。

久而久之，你就不會重蹈覆轍，獲利也會大於虧損。換句話說，**所謂「投資」就是，比起如何增加獲利，想辦法迴避虧損才是最重要的關鍵**。

另外，由於股票的持有時間最長，在這段期間裡，你必須追蹤分析自己的投資組合中表現特別好或特別弱的股票，每當企業公布新資訊時，都要記得及時更新。

除此之外，你也可以整理自己對市場走向或流行主題的想法，或是寫下近期公開發行的股票中你最在意股票的相關報告，關於股市可以寫的主題或切入點簡直多不勝數。

一旦開始寫部落格，你的靈感自然會源源不絕地出現。

開始經營部落格之後，你將逐漸掌握哪些文章最能引起讀者的興趣、哪些最容易被擴散分享，而怎樣的寫法或內容最乏人問津，這些觀察都有助於鍛鍊你的商業眼光。不僅如此，你的選股眼光也將愈發地精準，簡直就是「一石三鳥」。

等部落格的經營上手以後，你也會更理解網站服務的相關商機。而且，在閱讀上市企業的「法說會簡報資料」之際，有時還能從中找到經營部落格的靈感。在我看來，資訊分享與投資之間本就存在著相互作用。

部落格若能賺取收益，就能成爲加碼買進股票的資金

既然特地花了時間寫部落格，只用來整理思考未免太可惜，**以賺取收益為前提才是合理的思考方式**。

只做一份工就能得到許多好處，簡直就是一石二鳥，不，**以一石五鳥為目標，追求「一舉數得」的思維模式，才是最快增加資產的祕訣**。

部落格若能賺取收益，就能將那筆錢用來加碼投資。

分享資訊、賺取收益、再將該筆收益作為軍資投入金融資產——。

持續這樣的操作，就能以理想的速度增加資產。能在短期間內成為有錢人的人，大多同時進行兩個以上的活動，藉此達到加乘效果。

那麼，怎麼做才能讓部落格產生收益呢？

藉由網路賺取收益的方法，主要可以分為「廣告」與「直接課金」兩種。

將自己的社群平台培養成媒體，就可以得到「廣告收益」。聯盟行銷[2]（affliate marketing）的收

益也包含在廣義的廣告收益裡。

此外，在網路社群上直接將商品、資訊或服務賣給來訪者，稱為「直接課金」。像Amazon Prime或Netflix這類定期定額的訂閱型服務，就是直接課金的一種。

想要擴大網路收益，關鍵在於「集客」和「銷售」。

「集客」指的是，為提高網頁的瀏覽次數、訪客人數、播放次數，增加追蹤者或粉絲的人數，以及曝光總次數與網頁品質所採取的措施。

舉例來說，網頁打開時，只要廣告出現一次，就會被計算為「一次曝光」，基本上閱覽次數愈多，廣告收益就愈高。愈是受到粉絲信賴的部落格，其簽約率也就愈高。

刊登廣告的做法有好幾種，無論採用哪一種方法，都是集客量愈大，收益就愈高。

而「銷售」不只是販賣自己的商品，也包括協助販賣企業或個人既有品牌商品的「聯盟行銷」在內。

比方說，在部落格張貼Amazon聯盟行銷的連結，讀者只要透過此連結購書，部落客就能有錢進帳。

等到部落客本人累積足夠的信用，還能採取「直接課金」的方式，向會員直接收費，藉此賺取收益。線上沙龍或是我所主辦的「YouTube頻道會員」就屬於這種方式。

人氣 YouTuber 打造自有品牌販賣衣服也是直接課金的一種。一般來說，實行的難度會依照「廣告→聯盟行銷→直接課金」的順序逐漸提高。

我想告訴大家，即使無法達到網路紅人（influencer）的程度，藉由副業、匿名、不露臉的形式，靠部落格賺到每月五十萬、一百萬日圓的廣告收益或聯盟行銷收益，絕對不是難事。實際上，我就看過許多人做出這樣的成績。

尤其自新冠肺炎疫情以來，旅遊、外食、外出的相關娛樂支出雖然減少，數位內容創作的消費量或網路購物的商流卻擴大成長。人們一旦養成了新習慣，就很難再回到原先的狀態，而是傾向於維持他們目前的新狀態。

與疫情共存的時代，自二〇二〇年春天開始，至今已過了一年半。由於這段期間相當地長，在我看來，人類已發生不可逆的變化，再也無法回到疫情前的狀態了。

也就是說，那些嘗到網購有多麼便利的消費者、已摸索出如何在家也能過得充實愉快的使用者，大多不會想再回到從前。

反過來說，對包括部落客在內的資訊分享者而言，受惠於市場的急速擴大，他們得到更多的機會。如果是認真研究股票投資的人，我想應該能夠輕鬆跨過賺取收益的門檻吧。

部落格能否受歡迎，取決於文章的深度和對讀者的體貼

擅長經營部落格的人，會將自己發表的文章視為可以長久保存的重要「資產」，他們花在一篇文章上的熱情與認真程度，與一般人截然不同。這樣的人會在事前進行詳細的調查，整理好要寫入文中的素材，寫文章時也會考量如何表達才不會給閱讀的人帶來負擔。

這些人就連置入聯盟行銷的連結或廣告框的做法也相當巧妙。

他們不會發那種讓人一看就知道是在打廣告的文章，因為這種做法看起來功利性太強，顯得過於俗氣。這些高手會先喚起讀者的強烈需求，再將連結或廣告置入對讀者而言最方便且自然的位置。

而且，再三推敲文章，反覆修改以求達到完美，對他們來說更是家常便飯。他們不追求一次就寫出完美的文章，卻會進行多達兩次、三次、四次的修改，針對內容進行反覆的增補或刪減，花上大把時間只為完成一篇文章。

像我在寫這本書時，也是修改了四次，才終於完成各位目前所看到的內容。

文章雖說是以文字作為媒介的溝通，卻也算是一種人際交流。**時時將文字另一端的讀者放在**

心上，揣摩對方的心情和需求，正是成為人氣部落客的祕訣。

決定好的暱稱或帳號名稱，盡量不要變更

無須露臉就能匿名經營，雖說是部落格或社群媒體的魅力，有一點還是希望各位盡量遵守。那就是，一旦決定好的暱稱、帳號名稱或部落格名稱，不要輕易地變更。

因為這些名字是你的品牌名稱。經常改變名稱、商標、圖標，無疑是讓品牌價值歸零的行為。堅持使用同一個名稱，致力於品牌價值的提升才是最重要的事。

舉例來說，知名品牌愛馬仕起初是奇耶里・愛馬仕（Thierry Hermes）於一八三七年創立的小型馬具製造商。即使之後產品線增加，仍然沿用「愛馬仕」這個名稱至今。

好不容易培養出忠實的讀者，更要避免隨意更改名稱，才不會造成讀者的混亂。

我在網路分享資訊近二十年，打從一開始我就堅持使用本名並露臉。本名跟長相基本不會改變，萬一犯下重大失誤，想躲也躲不掉。

我認為無論是失敗或丟臉的事，自己都該一肩承擔，基於這樣的覺悟，才會將本名「與澤翼」當作自己的品牌名稱。

即使在網路上引發論戰或遭受批評，仍舊堅持分享資訊，這一點才是最重要的。

像這樣腳踏實地長期經營部落格十年、二十年，說不定有機會受到出版社青睞，就此搖身一變成為暢銷書作家，或是以專家的身分接獲權威機構的邀約。

根據我個人的經驗，我可以肯定地告訴大家，資訊分享絕對是利大於弊。在這個領域獲得成功的人都明白這個道理，他們擁有堅韌的心智，不會因為一點小事就受到影響。

這同樣是我的個人哲學，因此在「本名」、「露臉」、「公開透明」這些重要事上，今後我仍會貫徹同樣的方針。順帶一提，此處的「公開透明」，指的是盡可能主動公開資訊的態度。

我認為，身為一個資訊分享者，讓自己的名字承載個人的所有歷史，就是在打造個人的品牌。

1 日本於二〇〇四年上線的社群網站，由 mixi 股份有限公司營運。

2 業主透過網路，與部落客、網紅、個人等推廣者合作，請他們在網路上宣傳業主的商品或服務（無論是透過自己的網站或是社群平台 FB、Email 名單等），業主會分享利潤給這些協助他推廣的合作夥伴。

結語

新冠肺炎病毒的影響遲遲無法結束，想必有不少人對自己的未來感到不安吧。就連我也一樣，這一年半無疑是我人生中最認真思考「今後的人生規劃」的期間。

抱持這樣的危機意識絕非壞事，反而是進化的開始。我相信，在新冠疫情下能懷抱著危機意識採取行動的人，才是開創下一個時代的主人翁。

我反而覺得，相信自己可以一直穩定賺錢的想法才不自然。

你認為自己可以永保健康嗎？覺得目前的工作能一直做到退休嗎？

坦白說，今後的時代應該不會如此平順。

我們必須趁自己還有能力行動的時候，未雨綢繆地為將來做好準備。光是對自己身體健康、有能力賺錢養活自己心懷感恩，這樣是遠遠不夠的。正因為現在的你身體健康、有能力賺錢，更要開始為將來做準備。

1 不浪費，增加資產。

2 不玩樂，樂在學習。

3 不增加固定費用，只要不退出投資，最終一定能獲得勝利。

以上是我在新冠疫情爆發前就相當重視的三件事。

疫情爆發後，我再次體認到「前所未有的嚴重事態真的還是發生了」。

過去我曾經歷兩次創業失敗，人生並非全然順風順水。不過，多虧這些失敗經驗讓我提早做好準備，之後的人生才能發生戲劇性的好轉。

因此，希望目前處於困境的你，千萬不要輕言放棄。

任何危機都有可能成為讓你今後人生好轉的契機。不過，你必須改變自己的思維模式。

發表相對論的知名物理學家愛因斯坦曾說過：

We can't solve problems by using the same kind of thinking we used when we created them.

（用製造問題時的舊思維，來解決眼前的問題是行不通的。）

我也遵循這句話的教誨。每一次遭遇到失敗，我都會認真檢討並思考自己哪裡做得不好，重新訂定新的規則。比如說，不雇用員工、沒有辦公室、不打廣告……這些新思維的確幫助我解決了過去的問題。

我認為，以新冠肺炎疫情為界線，解決問題所需的思維模式已和從前截然不同，過去的做法再也不適用於現在。在後疫情時代，如果依舊追求安穩，相信未來就是現在的延長，這樣的思維只會讓自己陷於不利的境地。

比起以往只求穩定的保守做法，以「這世界本就充滿不確定性、不安定、不完美」為前提，將固定風險降至最低堅守生活的同時，在可承受的風險範圍內主動進攻才是上策。「攻擊就是最強的防禦」無疑是最符合現今時代的一句話。

這麼說雖然很殘酷，因疫情而大幅成長的人與無法成長的人，兩者今後的差距將愈拉愈大。

就連經濟方面也是，貧窮階層、一般階層與富裕階層，各階層的貧富差距也將愈發擴大。

以往「上流階層2：下流階層8」或「全民平均＝一億總中流[1]」的社會結構，在今後的時代應該會發展為「富裕階層1：非富裕階層99」的時代吧。

全世界正在發生財富版圖的移動與部分集中。要將這樣財富不均的現象視為不公平的結果，抑或是公平的機會，看待事情的角度不同，今後採取的應對方法也將截然不同。

對於認真追求「公平機會」的人而言，後疫情時代無疑是前所未有的絕大機會。

千萬不要隨意看待自己的人生。認真思考未來的人與完全不思考的人，今後的發展將天差地別。

當股市因新冠金融風暴大跌之際，對未來感到不安的個人投資者紛紛搶著開設證券戶頭，創下史上最多人開戶的紀錄。

看到這麼多人抱持著危機意識認真行動，我真的覺得很棒。

「參與投資的人愈來愈多，金融革命已然開始。」、「個人認為，新冠金融風暴正是買進的大好時機。」這些事我在朝日電視的節目或上一本書中已經提過了。

實際上，因為新冠金融風暴的影響而開始投資股票的人，應該得到不少學習和賺錢的機會。

發現機會的當下，正是展開行動的良辰吉日。

只會從本業來思考人生的人，就像騎著「單輪車」參加競速比賽那般吃力。倘若可以結合本業與投資，也就是改騎「雙輪車」，不僅有助維持自身精神的穩定，可以做到的事、想要做的事也會隨之增加，人生將因此迎來更多可能性。

相信五年、十年後的你，一定會慶幸自己「當初有投資股票實在太好了」。

期望閱讀本書的你，今後也能全力以赴，認真地面對自己的人生。

與澤翼

1 一九六〇年代在日本出現的一種國民意識，在一九七〇和一九八〇年代尤其明顯。在終身雇用制下，日本九成左右的國民都自認是中產階級。

TOP
027

讓錢愛上你的真投資術

選股、存股、資產配置到社群操作，建立穩定「被動現金流」，小資族也能滾出大資產的理財王道

お金に愛される真・投資術

作　　者　與澤翼
作　　畫　山田一喜
譯　　者　鄭淑慧

責任編輯　魏珮丞
文字編輯　魏珮丞、林昀彤
封面設計　謝彥如
排　　版　JAYSTUDIO
行銷企畫　林芳如
總 編 輯　魏珮丞

出　　版　新樂園出版／遠足文化事業股份有限公司
發　　行　遠足文化事業股份有限公司（讀書共和國集團）
地　　址　231 新北市新店區民權路 108-2 號 9 樓
郵撥帳號　19504465 遠足文化事業股份有限公司
電　　話　(02) 2218-1417
信　　箱　nutopia@bookrep.com.tw

法律顧問　華洋法律事務所 蘇文生律師
印　　製　呈靖印刷
出版日期　2024 年 08 月 07 日初版一刷
　　　　　2025 年 02 月 27 日初版三刷
定　　價　380 元
I S B N　978-626-98075-9-8
書　　號　1XTP0027

國家圖書館出版品預行編目(CIP)資料

讓錢愛上你的真投資術 | 選股、存股、資產配置到社群操作，建立穩定「被動現金流」，小資族也能滾出大資產的理財王道 / 與澤翼著；鄭淑慧譯 . -- 初版 . -- 新北市：新樂園出版，遠足文化事業股份有限公司，2024.08
232 面；14.8×21 公分 . --（Top：027）
譯自：お金に愛される真・投資術
978-626-98075-9-8（平裝）

1.CST：理財　2.CST：投資

563　　113010145

新楽園
Nutopia

・新樂園粉絲專頁・